# PSYCHODYNAMIK **Kompakt**

Herausgegeben von
Franz Resch und Inge Seiffge-Krenke

Jürgen Körner

# Die Kunst der Deutung und die Macht der Beziehung

Vandenhoeck & Ruprecht

Bibliografische Information der Deutschen Nationalbibliothek:
Die Deutsche Nationalbibliothek verzeichnet diese Publikation in der
Deutschen Nationalbibliografie; detaillierte bibliografische Daten sind
im Internet über https://dnb.de abrufbar.

© 2020, Vandenhoeck & Ruprecht GmbH & Co. KG,
Theaterstraße 13, D-37073 Göttingen
Alle Rechte vorbehalten. Das Werk und seine Teile sind urheberrechtlich
geschützt. Jede Verwertung in anderen als den gesetzlich zugelassenen Fällen
bedarf der vorherigen schriftlichen Einwilligung des Verlages.

Umschlagabbildung: Paul Klee, Augen in der Landschaft, 1940/akg-images

Satz: SchwabScantechnik, Göttingen
Druck und Bindung: ⊕ Hubert & Co. BuchPartner, Göttingen
Printed in the EU

**Vandenhoeck & Ruprecht Verlag | www.vandenhoeck-ruprecht-verlage.com**

ISSN 2566-6401
ISBN 978-3-525-40395-2

# Inhalt

Vorwort zur Reihe . . . . . . . . . . . . . . . . . . . . . . . . . . . . . . . . 7

Vorwort zum Band . . . . . . . . . . . . . . . . . . . . . . . . . . . . . . . 9

1 Einleitung und Überblick . . . . . . . . . . . . . . . . . . . . . . . . 11

2 Die erste Generation der Patienten:
  »Aufklären und bewusst machen!« . . . . . . . . . . . . . . . . . . . . . 15
  2.1 Klinische Theorie und therapeutische Methode
      im Modell »Aufklären und bewusst machen« . . . . . . . . . 17
  2.2 Das Selbstverständnis der Psychoanalytiker
      im Modell »Aufklären und bewusst machen« . . . . . . . . . 27

3 Die zweite Generation der Patienten:
  Die Arbeit im Subjektmodell . . . . . . . . . . . . . . . . . . . . . . . . . 35
  3.1 Klinische Theorie und therapeutische Methode
      im Subjektmodell . . . . . . . . . . . . . . . . . . . . . . . . . . . . . . 37
  3.2 Das Selbstverständnis der Psychoanalytiker
      im Subjektmodell . . . . . . . . . . . . . . . . . . . . . . . . . . . . . . 50

4 Die dritte Generation der Patienten:
  Das intersubjektive Modell . . . . . . . . . . . . . . . . . . . . . . . . . . 54
  4.1 Klinische Theorie und therapeutische Methode
      im intersubjektiven Modell . . . . . . . . . . . . . . . . . . . . . . 55
  4.2 Das Selbstverständnis der Psychoanalytiker
      im intersubjektiven Modell . . . . . . . . . . . . . . . . . . . . . . 62

5  Die Geschichte der Psychoanalyse: Vom Erklären
   zum Verstehen ....................................... 66

6  Rückblick............................................ 71

Literatur ............................................... 74

# Vorwort zur Reihe

Zielsetzung von PSYCHODYNAMIK KOMPAKT ist es, alle psychotherapeutisch Interessierten, die in verschiedenen Settings mit unterschiedlichen Klientengruppen arbeiten, zu aktuellen und wichtigen Fragestellungen anzusprechen. Die Reihe soll Diskussionsgrundlagen liefern, den Forschungsstand aufarbeiten, Therapieerfahrungen vermitteln und neue Konzepte vorstellen: theoretisch fundiert, kurz, bündig und praxistauglich.

Die Psychoanalyse hat nicht nur historisch beeindruckende Modellvorstellungen für das Verständnis und die psychotherapeutische Behandlung von Patienten und Patientinnen hervorgebracht. In den letzten Jahren sind neue Entwicklungen hinzugekommen, die klassische Konzepte erweitern, ergänzen und für den therapeutischen Alltag fruchtbar machen. Psychodynamisch denken und handeln ist mehr und mehr in verschiedensten Berufsfeldern gefordert, nicht nur in den klassischen psychotherapeutischen Angeboten. Mit einer schlanken Handreichung von 70 bis 80 Seiten je Band kann sich die Leserin, der Leser schnell und kompetent zu den unterschiedlichen Themen auf den Stand bringen.

Themenschwerpunkte sind unter anderem:
- *Kernbegriffe und Konzepte* wie zum Beispiel therapeutische Haltung und therapeutische Beziehung, Widerstand und Abwehr, Interventionsformen, Arbeitsbündnis, Übertragung und Gegenübertragung, Trauma, Mitgefühl und Achtsamkeit, Autonomie und Selbstbestimmung, Bindung.
- *Neuere und integrative Konzepte und Behandlungsansätze* wie zum Beispiel Übertragungsfokussierte Psychotherapie, Schematherapie,

Mentalisierungsbasierte Therapie, Traumatherapie, internetbasierte Therapie, Psychotherapie und Pharmakotherapie, Verhaltenstherapie und psychodynamische Ansätze.
- *Störungsbezogene Behandlungsansätze* wie zum Beispiel Dissoziation und Traumatisierung, Persönlichkeitsstörungen, Essstörungen, Borderline-Störungen bei Männern, autistische Störungen, ADHS bei Frauen.
- *Lösungen für Problemsituationen in Behandlungen* wie zum Beispiel bei Beginn und Ende der Therapie, suizidalen Gefährdungen, Schweigen, Verweigern, Agieren, Therapieabbrüchen; Kunst als therapeutisches Medium, Symbolisierung und Kreativität, Umgang mit Grenzen.
- *Arbeitsfelder jenseits klassischer Settings* wie zum Beispiel Supervision, psychodynamische Beratung, Soziale Arbeit, Arbeit mit Geflüchteten und Migranten, Psychotherapie im Alter, die Arbeit mit Angehörigen, Eltern, Familien, Gruppen, Eltern-Säuglings-Kleinkind-Psychotherapie.
- *Berufsbild, Effektivität, Evaluation* wie zum Beispiel zentrale Wirkprinzipien psychodynamischer Therapie, psychotherapeutische Identität, Psychotherapieforschung.

Alle Themen werden von ausgewiesenen Expertinnen und Experten bearbeitet. Die Bände enthalten Fallbeispiele und konkrete Umsetzungen für psychodynamisches Arbeiten. Ziel ist es, auch jenseits des therapeutischen Schulendenkens psychodynamische Konzepte verstehbar zu machen, deren Wirkprinzipien und Praxisfelder aufzuzeigen und damit für alle Therapeutinnen und Therapeuten eine gemeinsame Verständnisgrundlage zu schaffen, die den Dialog befördern kann.

*Franz Resch und Inge Seiffge-Krenke*

# Vorwort zum Band

Was ist therapeutisch wirksam im psychoanalytischen Kontext? Ist es die Deutung als Kunst oder die Beziehung als verliehene Macht, die dem Patienten zugutekommt? Deutung und Beziehung sollten nicht gegeneinander ausgespielt, sondern integriert zur Verfügung gestellt werden. Die Psychoanalyse blickt auf eine Geschichte der Veränderung ihrer Konzepte und Interventionen zurück, die in diesem Buch unter der Hypothese erzählt wird, dass es die Patienten sind, die ihren Behandelnden neue Impulse geben und sie zu neuen Erklärungsmustern anregen. Die Psychoanalyse befindet sich unter dem Einfluss der Patientinnen und Patienten immer in einer geistigen Bewegung, was nicht unmittelbar in den institutionellen Strukturen der Ausbildung und Weiterbildung oder in den Fachgremien zum Ausdruck kommt.

Die Geschichte der methodischen Entwicklung in der Psychoanalyse lässt sich als Geschichte einer Emanzipation der psychoanalytischen Patienten erzählen. Der Autor beschreibt diese Entwicklung in drei Phasen: »Die erste Generation lauschte den Erklärungen der Analytiker, die zweite Generation suchte eine Verständigung, wie die soziale Welt – auch innerhalb der psychoanalytischen Beziehung – zu deuten sei, und die dritte forderte den Analytiker, die Analytikerin auf, sich in der therapeutischen Beziehung auch persönlich zur Verfügung zu stellen.«

Das therapeutische Verhältnis der Anfangsphase der Psychoanalyse war ein paternalistisches, in dem der Patient dem Therapeuten viel Deutungsmacht zuschrieb. Es ging dabei um »aufklären und bewusst machen«. Und so gehörte es zum Selbstverständnis der Analytiker bis in die 1980er Jahre, nicht nur eine anerkannte therapeutische Methode anzuwenden, sondern auch eine gesellschaftskritische Position einzunehmen, die die politische Kultur dieser Zeit mitprägte.

Die zweite Generation von Patienten erwirkte von den Therapeuten eine Anerkennung als »interpretierendes Subjekt«. Der Analytiker oder die Analytikerin war nicht mehr die wissende Autorität, die befragt wurde, sondern ein Gegenüber, mit dem man sich über die Bedeutung von Erinnerungen, Träumen und Symptomen auf Augenhöhe im Hier und Jetzt der Beziehung verständigen konnte. Im subjekthaften Modell der Deutung bestand die Kunst darin, auf eine Vielfalt von Deutungskontexten zurückgreifen zu können. Die politische Positionierung des Analytikers verlor zunehmend an Einfluss.

Die dritte Generation von Patienten erwartete schließlich in einem neuen »intersubjektiven Modell« eine persönliche Antwort auf ihren Übertragungsentwurf, nicht nur als Erklärung oder Deutung, sondern als emotionale Resonanz. Der Analytiker ist nicht mehr der wissende und überlegene Beobachter, sondern ein Mitkonstrukteur der gemeinsamen Wirklichkeit. Obgleich die Aufgabenverteilung in der Dyade asymmetrisch bleibt und der Analytiker aufgrund seiner Ausbildung und Erfahrung den Prozess steuert, begegnen sich die Beteiligten in einem Arbeitsbündnis und entwickeln die Beziehung als »Ko-Konstruktion«, die immer wieder neu zur Verhandlung ansteht. Diese dritte Generation braucht es, dass die Therapeutinnen und Therapeuten sich mit ihrer Antwort zur Verfügung stellen und die Suche der Patienten nach ihrer Identität unterstützen.

Ein kenntnisreiches Buch, das nicht nur den Patienten und Patientinnen eine emanzipatorische Stimme verleiht, sondern auch aufzeigt, wie sehr Theorie und Therapie der Psychoanalyse von den Bedürfnissen der Patientenseite getriggert und geprägt werden.

*Inge Seiffge-Krenke und Franz Resch*

# 1 Einleitung und Überblick

Was wirkt vorrangig im Prozess einer psychodynamischen Psychotherapie[1]? Ist es vor allem die Kunst des Psychoanalytikers, seinem Patienten bislang unbewusste Phantasien, Erinnerungen oder Absichten in luziden Deutungen bewusst zu machen? Oder sind es die Beziehungserfahrungen in der therapeutischen Situation, die den Patienten anregen, seine ihm bisher vertrauten »Working Models« von Beziehung infrage zu stellen und neue zu erproben?

Natürlich zielen diese Fragen nicht auf eine Antwort im Sinne einer Alternative. Denn eine hohe Deutungskunst bliebe ohne den Hintergrund einer tragfähigen und vertrauensvollen therapeutischen Beziehung wirkungslos, und auch eine emotional sehr bewegende Beziehungserfahrung muss bewusst erlebt und vielleicht auch verbalisiert werden. Aber die Verteilung der Gewichte des Einflusses von Deutungen und Beziehungserfahrungen hat sich im Laufe der Entwicklung psychodynamischer Methoden stark verändert (Hoffmann, 1983). Waren die ersten Generationen der Analytiker um Sigmund Freud noch überzeugt, dass es vor allem darauf ankomme, durch treffende Deutungen Unbewusstes bewusst zu machen – und diese Auffassung hielt sich bis Mitte des vorigen Jahrhunderts –, traten die Auffassungen von dem Einfluss kunstvoller Deutungen zunehmend in den Hintergrund. Spätestens mit den Konzepten einer »entwicklungsorientierten« Psychoanalyse (Emde, 2011) und der Verbreitung der relationalen und der intersubjektiven psychodynamischen Psycho-

---

1 Gemeint sind analytische Psychotherapie und tiefenpsychologisch fundierte Psychotherapie in ihren Varianten.

therapie wuchs die Einsicht in die Wirkmächtigkeit der Beziehungserfahrungen in der therapeutischen Dyade.

Wie lassen sich diese Veränderungen erklären? Psychoanalytikerinnen und Psychoanalytiker bevorzugen wohl die Erklärung, dass sie im Laufe der Jahre ihre theoretischen Konzepte und nachfolgend auch ihre methodischen Einstellungen geändert haben, womit sie dann auch einer neuen Klientel gerecht werden konnten. Ich vermute aber, dass es eher umgekehrt war: Die Patienten änderten sich und ihre Erwartungen an die Psychoanalytiker, und diese passten sich den sich ändernden Erwartungen an.

Anfangs schrieben die Patienten – überwiegend zunächst Patientinnen – den Analytikern eine hohe Deutungsmacht zu und erlaubten ihnen, sie über ihr Unbewusstes aufzuklären. Das war wirksam, wie wir aus zahlreichen Krankengeschichten wissen. Aber schon bald genügten ihnen die klugen, zuweilen auch autoritär vorgetragenen Erklärungen der Analytiker nicht mehr. Und es reichte ihnen auch nicht mehr, zu erfahren, welche vielleicht traumatischen Erfahrungen sie verdrängt und so vor sich selbst verborgen hatten. Sie wollten vielmehr erzählen, wie sie das verstanden haben, was ihnen widerfahren war, und wie sie bis heute ihre Welt interpretieren.

Die Antwort der Analytiker und Analytikerinnen auf diese sich ändernden Erwartungen ihrer Patienten war, dass sie ihre früher so bevorzugten Deutungen (eigentlich waren es quasikausale Erklärungen) fortentwickelten zu Interpretationen, die verständlich machten, wie ihre Patienten sich und ihre soziale Welt damals und heute verstehen. Diese Deutungen waren dann nicht mehr »wahr« oder »falsch«, sondern Verstehensangebote, über die man sich verständigen konnte (oder auch nicht).

Und diese Entwicklung ging noch weiter: Etwa ab Mitte des vorigen Jahrhunderts wuchsen die Zweifel an der Autorität des Analytikers, der ausschließlich deutete, sich aber in der therapeutischen Beziehung weitgehend zurückhielt. Und der Patient fragte nicht mehr nur: »Wie erklärst du mir meine Erlebnislücken?«, und auch nicht mehr: »Wie interpretierst du, wie ich meine Welt von damals und die von heute erlebe?«, sondern: »Wie antwortest du auf meinen Beziehungsentwurf über uns jetzt und hier?«

Die Geschichte dieser methodischen Entwicklung lässt sich daher auch als Emanzipationsgeschichte der psychoanalytischen Patienten erzählen: Die erste Generation lauschte den Erklärungen der Analytiker, die zweite Generation suchte eine Verständigung, wie die soziale Welt – auch innerhalb der psychoanalytischen Beziehung – zu deuten sei, und die dritte forderte den Analytiker, die Analytikerin auf, sich in der therapeutischen Beziehung auch persönlich zur Verfügung zu stellen.

Die Entwicklung der psychoanalytischen Methode folgte also immer den Praxiserfahrungen der Analytiker. Und das war von Anfang an so: Ihre wesentlichen Begriffe wie Übertragung, Gegenübertragung, Widerstand, Abstinenz oder Regression entstanden als Versuche, überraschende, oft auch ängstigende Phänomene in Begriffe zu fassen, sie buchstäblich zu »begreifen« und damit auch »unschädlich« zu machen, ihnen jedenfalls das Unheimliche zu nehmen, um mit ihnen arbeiten zu können. In den »technischen« Begriffen der Psychoanalyse sind daher kondensierte Praxiserfahrungen aufgehoben, und sie können am besten dadurch vermittelt werden, dass wir sie in erfahrbare Praxis zurückverwandeln.

Dass in diesem Buch die Geschichte der psychoanalytischen Behandlungsmethode (nach-)erzählt werden wird, soll also weniger eine Verehrung früherer Psychoanalytikergenerationen zum Ausdruck bringen, sondern vielmehr eine Entwicklung beschreiben, die »bottom up« von den Patientinnen und Patienten angestoßen wurde. In dieser Entwicklungsgeschichte unterscheiden sich die psychodynamischen Verfahren grundlegend von der Verhaltenstherapie, die nicht derart »bottom up«, sondern »top down« entstanden ist, nämlich als Anwendung einer schon vorliegenden, empirisch bewährten Theorie, der Lerntheorie, auf das Praxisfeld der Verhaltensmodifikation.

Nun hat die Psychoanalyse nicht nur als Behandlungskonzeption große Erfolge erzielt, sondern sie hat auch die Kultur- und Gesellschaftswissenschaften stark beeinflusst. Und parallel zur Entwicklung der psychoanalytischen Methode in dem sich ändernden Spannungsfeld zwischen Deutungskunst und Beziehungserfahrung ereignete sich auch das Kommen und Gehen der Psychoanalyse als aufklärerische und kulturkritische Methode. Obwohl Freud seine Arbeit durchaus nicht mit der Absicht begonnen hatte, die bürgerliche Gesellschaft des Viktorianischen Zeitalters zu kritisieren, entfalteten seine Methoden des Aufklärens und Bewusstmachens eine nachhaltige emanzipatorische Wirkung, und zwar dadurch, dass die Patientinnen von damals über ihre Erfahrungen mit einer repressiven und verlogenen Sexualmoral sprachen.

Aber nach Jahrzehnten großer Einflussnahme auf die politischen Theorien und pädagogischen Konzepte verschwand die Psychoanalyse als kritische Theorie der Gesellschaft weitgehend wieder. Denn auch die Patienten haben sich verändert. Sie leiden nicht mehr unter der repressiven Unterdrückung ihrer Sexualität. Das Unbehagen »in« der Kultur, über das Freud 1930 schrieb, richtet sich nicht mehr gegen eine lustfeindliche und autoritär unterdrückende Gesellschaft. Aber mit welchen Anliegen, die über das Unmittelbare, die Heilung von den Symptomen hinausreichen, wenden sich unsere Patienten heute an uns? Vielleicht sollten wir versuchen, noch besser hinzuhören, was uns unsere Patientinnen und Patienten heute zu sagen haben.

Schließlich: Auch das Selbstverständnis der Psychoanalytiker und ihre Methoden, die Psychoanalyse in Ausbildungen zu vermitteln und ihre Institutionen zu gestalten, veränderten sich im Verlauf der Entwicklung psychoanalytischer Konzepte. Allerdings folgten auch diese Veränderungen der Entwicklung der Behandlungsmethoden in großem zeitlichem Abstand, und man könnte auch hier die Vermutung wagen, dass die modernen Behandlungsmethoden der Psychoanalyse weiter entwickelt sind als die Organisationsformen und Ausbildungsmethoden der Psychoanalytiker.

# 2 Die erste Generation der Patienten: »Aufklären und bewusst machen!«

Mit der Fallgeschichte der »Katharina« (Breuer u. Freud, 1895) illustrierte Freud schon sehr früh seine Methode auf eindrucksvolle Weise.

Eine 18-jährige junge Frau hatte ihn auf einem Spaziergang in den Hohen Tauern angesprochen und den »Herrn Doktor« wegen ihrer Atembeschwerden und Erstickungsangst um Hilfe gebeten. Schon nach wenigen Sätzen vermutete er hysterische Anfälle und suchte gezielt, aber zunächst vergeblich nach Auslösern. Als seine Ausforschung erfolglos blieb, versuchte er eine Deutung: »Wenn Sie's nicht wissen, will ich Ihnen sagen, wovon ich denke, dass Sie Ihre Anfälle bekommen haben. Sie haben einmal, damals vor zwei Jahren, etwas gesehen oder gehört, was Sie sehr geniert hat, was Sie lieber nicht möchten gesehen haben.« Da erinnerte sich Katharina: Sie habe ihren Onkel »bei dem Mädel erwischt, bei der Franziska, meiner Cousine!«. Weiter fiel ihr ein, dass dieser Onkel[2] sie selbst schon als 14-Jährige sexuell bedrängt habe. Indem ihr diese Erinnerungen bewusst wurden, verloren sie ihre krank machende Wirkung: Katharina erscheine »wie verwandelt, das mürrische, leidende Gesicht hat sich belebt, die Augen sehen frisch drein, sie ist erleichtert und gehoben« (Breuer u. Freud, 1895, S. 191).

Was war geschehen? Freud hatte ein Erklärungsmuster angewendet, das für viele Jahre die psychoanalytische Methode prägen sollte: Trau-

---

[2] In einem »Zusatz« aus dem Jahr 1924 (Breuer u. Freud, 1895, S. 195) enthüllte Freud dann, dass es nicht der Onkel gewesen war, der mit Franziska koitierte, sondern Katharinas Vater. Und war der es auch, der die damals 14-jährige Katharina bedrängt hatte?

matische Erfahrungen werden verdrängt, aber sie bleiben als dynamisch wirksames Unbewusstes lebendig und müssen im ärgsten Fall mithilfe von Symptomen unterdrückt, stillgestellt werden. Gelingt es aber dann, die unbewusst gewordenen Erfahrungen bewusst zu machen, schwindet die Notwendigkeit der Symptombildung.

Freud hat diese Erklärung in vielen seiner frühen Aufsätze erläutert, zum Beispiel schon 1905b in den »Drei Abhandlungen zur Sexualtheorie« (S. 89): »Durch psycho-analytische Erforschung gelingt es, das Vergessene bewußt zu machen und damit einen Zwang zu beseitigen, der vom unbewußten psychischen Material ausgeht«.

Der Begriff des »Wiederholungszwangs« (Freud, 1914; Reichard, 2014) bringt es auf den Punkt: Unbewusste Motive zwingen uns, denn weil wir sie nicht (bewusst) kennen, können wir uns nicht gegen sie entscheiden. Das gilt nicht nur für wiederholt auftretende Symptome nach einem vielleicht traumatischen, aber verdrängten Erlebnis wie im Fall der »Katharina«, sondern auch in solchen Fällen, in denen ein Mensch – für Außenstehende schwer begreifbar – wiederholt Entscheidungen fällt, von denen er »eigentlich« wissen müsste, dass sie für ihn schlecht ausgehen werden, etwa bei der Partnerwahl, wenn eine Frau beispielsweise immer wieder an gewalttätige Männer »gerät« oder wenn eine andere sich Aufgaben stellt, an denen sie gewiss scheitern wird.

Wie erklären wir uns die Macht des Wiederholungszwangs? Freud (1920) sah hier eine Wirkung des Todestriebs; spätere Autoren beschrieben den Wunsch des Subjekts, die Kontinuität des Selbsterlebens zu sichern (König u. Simon, 2001), und das Motiv der »Familiarität« (Karl König, persönl. Mitteilung). Andere erblickten in den Wiederholungen Versuche, traumatische Erfahrungen doch noch zu bewältigen, und in vielen anderen Fällen lassen sich selbstschädigende Verhaltensweisen auf unbewusste Schuldgefühle zurückführen.

Körner und Wysotzki (2006) legten eine Erklärung vor, die dem Wiederholungszwang eine Risikoentscheidung zugrunde legt. Wenn zum Beispiel ein Patient als Kind sehr unzuverlässige, willkürliche Beziehungspersonen erlebt hat und deswegen eine »Flucht in die

Autonomie« antritt, steht er als Erwachsener in einem Konflikt, wenn er einem Menschen begegnet, der ihm eine freundliche Beziehung anbietet: Soll ich meinem Gegenüber vertrauen, oder bleibe ich – wie bisher – bei meiner ablehnenden Haltung, und welche Risiken drohen im einen oder im anderen Fall meiner Entscheidung? Wenn ich bei der mir vertrauten ablehnenden Haltung, bei der ich mich sicher fühle, bleibe, riskiere ich, einen vielleicht sympathischen Menschen zurückgewiesen zu haben. Wenn ich aber einen Beziehungsversuch wage, riskiere ich, wieder so schmerzhaft enttäuscht zu werden wie in meiner Kindheit. Das letztere Risiko wiegt subjektiv sehr viel schwerer, sodass sich der Patient immer wieder für die – im Alltagsverständnis unangenehmere – Verhaltensvariante entscheidet.

In der analytischen Psychotherapie geht es also seither darum, die Macht der Vergangenheit gegen den Einfluss des Wiederholungszwangs zu brechen. In seinen Fallschilderungen schrieb Freud des Öfteren »Ich wußte« oder »Ich erriet«, womit er das Muster seiner Methode treffend charakterisierte: Der Analytiker jener Zeit weiß (oder vermutet zumindest), was der Patient vor sich selbst verbirgt, und er hilft ihm, seine Symptome zu überwinden, indem er das unbewusst absichtsvoll Verborgene in seinen Deutungen zum Vorschein bringt.

## 2.1 Klinische Theorie und therapeutische Methode im Modell »Aufklären und bewusst machen«

Das bedeutet für die *klinische Theorie* der Psychoanalyse: Wir müssen die Vergangenheit unserer Patienten detailliert kennenlernen, dazu ausführliche biografische *Anamnesen* erheben, die zuweilen auch die Schicksale der zurückliegenden Generationen erfassen sollten. Denn nur selten lässt sich eine unbewusst gewordene Erinnerung an traumatische Erfahrungen so rasch ins Bewusstsein unserer Patientinnen und Patienten heben wie im Fall der Katharina. Zuweilen müssen wir ihnen auch erst noch vor Augen führen, unter welch krank machenden Einflüssen sie aufgewachsen sind.

Eine Patientin erlebte schon als kleines Mädchen, dass ihre Mutter immer wieder epileptische Anfälle erlitt, bei denen sie sich auch erheblich verletzte, sodass sie in der Regel einen Kopfschutzhelm tragen musste. Diese epileptischen Anfälle traten eigentlich ohne äußeren Auslöser auf, aber in der Familie der Patientin galt es als ausgemacht, dass regelmäßig die Kinder durch unangepasstes Verhalten diese ängstigenden Symptome verursachten. Die Patientin, das Kind von damals, machte sich diese Erklärung zu eigen und fühlte sich überaus schuldig an der Krankheit der Mutter. Aber erst in der analytischen Behandlung wurde ihr bewusst, wie sehr diese Schuldgefühle sie geprägt hatten und bis heute beeinträchtigten.

In vielen Fällen werden aber die primären Beeinträchtigungen oder traumatischen Erfahrungen zunächst gar nicht sichtbar, weil die Patientin oder der Patient sie vor sich selbst im Zuge einer sekundären Verarbeitung unkenntlich gemacht hat.

Ein junger Lehrer kam wegen eines »Burnout-Syndroms«, wie er sagte, in die Sprechstunde eines Analytikers. Er beklagte sich über die halbwüchsigen Schüler in seiner Brennpunktschule, die ihn nicht ernst nähmen, ihn provozierten und sogar verspotteten. Er sei es gewohnt, offen über Probleme zu sprechen, und gebe sich viel Mühe, in allen Konflikten friedliche Lösungen zu suchen.

Er war selbst in einer Familie aufgewachsen, die ein Ideal von Friedfertigkeit verfolgte (»es gibt schon genug Aggressivität auf der Welt«). Alle aggressiven Äußerungen der Kinder waren in der Familie mit Liebesentzug sanktioniert worden (»ein so böses Kind wollen wir hier nicht«), und der Patient lernte sehr früh, eigene aggressive Impulse zu vermeiden – mehr noch: Zunehmend fürchtete er sich vor ihnen. Er wehrte sie ab, sodass sie ihn in seinem bewussten Erleben nicht mehr störten. Zur Absicherung seiner Abwehr übernahm er von seinen Eltern eine Ideologie der Friedfertigkeit, die er mit Freunden und Gleichgesinnten teilte.

In den ersten Gesprächen berichtete er, wie schwer es ihm falle, mit provokanten Äußerungen seiner Schüler umzugehen, und wie hilflos er sich fühle, wenn sie ihn verspotteten. Die Angst vor seiner eigenen Aggressivität, die er gebraucht hätte, um die Schüler zurechtzuweisen oder auch zu sanktionieren, war ihm nicht bewusst, und es sollte lange dauern, bis er sie sich eingestand.

Die *therapeutische Methode* in diesem frühen Modell der Psychoanalyse konzentrierte sich also darauf, dem Patienten zu helfen, sich sein eigenes Unbewusstes bewusst zu machen. Das ist, wie in den Fallbeispielen dargestellt, zumeist langwieriger, als es im Fall der Katharina gewesen war. Nur sehr selten erscheint eine Einsicht – wie die Erinnerung der Katharina – wie eine Befreiung. Viel häufiger weckt sie zunächst peinliche Gefühle wie im Fall des jungen Lehrers, der einsehen musste, dass seine Angst vor der eigenen Aggressivität ihn daran hinderte, sich in seiner Schulklasse durchzusetzen. Lange Zeit beklagte er sich über die schwierigen Schüler, deren Eltern und die schulische Organisation.

Die Schuld- oder Schamgefühle, die aufzutauchen drohen, wenn wir dem Patienten Einsichten in seine Mitwirkung am eigenen Krankheitsgeschehen vermitteln, sind eine starke Quelle für Widerstände, mit denen sich Patienten gegen Einsichten und gegen Veränderungen zur Wehr setzen. Freuds Mahnung »Erinnern, Wiederholen und Durcharbeiten« (1914) macht uns darauf aufmerksam, dass wir nur selten auf ganz spontane Heilungsprozesse hoffen dürfen.

Wenn es gelungen ist, die Widerstände unseres Patienten zu bearbeiten, steht er oft genug vor der schwierigen Aufgabe, seine veränderte Haltung in seiner Lebenswelt dann auch durchzusetzen.

Eine Patientin, eine Erzieherin, beklagte sich, dass sie in dem Kinderheim, in dem sie arbeitete, immer wieder benachteiligt würde, indem sie die unangenehmen Dienstzeiten an Wochenenden, Feiertagen etc. übernehmen musste. In der analytischen Psychotherapie lernte sie zunächst, dass sie selbst dazu neigte, sich den Interessen anderer unterzuordnen. Diese Einsicht, dass sie so ihres eigenen Unglücks Schmied war, fiel ihr recht schwer, konnte sie doch nicht mehr die anderen verantwortlich machen. Noch schwieriger aber war es, ihr unbewusstes Motiv für ihren Altruismus bewusst werden zu lassen: Sie war als Nachzüglerin in einer kinderreichen Familie geboren worden, ihre Eltern hatten eine Abtreibung erwogen und ihr schon im Kindesalter zu verstehen gegeben, dass sie eine unwillkommene Belastung war. Sie wuchs auf in der Angst, jederzeit abgeschoben (abgetrieben) zu werden, wenn sie es wagte, eigene Ansprüche zu stellen.

Die Deutung »Sie sind deswegen so anpassungsbereit, weil sie Angst haben, die Liebe der anderen zu verlieren und weggeschickt zu werden, wenn sie mit eigenen Ansprüchen auftreten« erschreckte sie, ermöglichte ihr aber auch erste Versuche, ihr Verhalten zu ändern. Das allerdings erwies sich als schwierig, weil ihre Kolleginnen sehr vorwurfsvoll reagierten, als sie versuchte, einen für sie günstigeren Dienstplan durchzusetzen. Sie geriet in Angst, und eine Zeitlang schien es so, als würde sie ihren Versuch, sich mit ihren Wünschen zu behaupten, abbrechen. Die Erinnerung ihres Analytikers, dass sie damit versuchte, vor ihrer alten Kindheitsangst zu flüchten, half ihr, sich dann doch zu behaupten.

Der Wandel der therapeutischen Methoden in folgenden Generationen der Analytiker lässt sich sehr anschaulich anhand des *Übertragungsbegriffs* und seiner Varianten erläutern. Die Übertragung war zu Anfang offenbar gänzlich ungerufen, als unerwünschte Erscheinung aufgetreten (Körner, 2018) und bedrängte die erste Generation der Analytiker um Freud. Sterba (1934, S. 72) schrieb schaudernd vom »Objekthunger« der Übertragung und schlug das Konzept der »Realbeziehung« vor, das sollte eine »Insel« der »Realitätsbeflissenheit« sein, auf der man sich vor Übertragungen sicher fühlen könnte. Noch Greenson warnte (1967, S. 204) vor den »Klauen« einer starken Übertragungsneurose, in die der Analytiker geraten könnte.

Freud und die Analytiker seiner Zeit waren sichtlich erleichtert, als sie diese bedrängenden und ängstigenden Phantasien und Wünsche ihrer überwiegend weiblichen Patienten dadurch unschädlich machen konnten, dass sie sie »begriffen«, in den Begriff der Übertragung gleichsam einsperrten. Freud schrieb (Breuer u. Freud, 1895, S. 309): »[N]un ich das einmal erfahren habe, kann ich von jeder ähnlichen Inanspruchnahme meiner Person voraussetzen, es sei wieder eine Übertragung und falsche Verknüpfung vorgefallen.«

Die Übertragungsphänomene wurden vor allem dadurch weniger unheimlich, dass sich die Analytiker vorstellten, sie selbst seien eigentlich gar nicht gemeint, wenn sich eine Patientin in sie verliebte oder ein anderer Patient ihnen Desinteresse oder Gefühle der Verachtung zuschrieb. Denn eigentlich galten diese Gefühle oder Zuschreibungen dann ja einer anderen Person aus der Kindheit des Patienten. Es handele sich nämlich um einen »Irrtum in der Zeit«, um eine »falsche Verknüpfung«, die im Patienten bereitliege und die er auch in seinen Beziehungen zu anderen bedeutsamen Personen der Gegenwart zur Geltung bringe. Nach diesem Erklärungsmodell soll die Kunst der Deutung des Analytikers dem Patienten helfen, seinen »Irrtum« einzusehen und seine Übertragungsneigung schrittweise zu korrigieren.

Diese Strategie setzte allerdings voraus, dass der Patient seine Übertragungsneigung ungestört entfalten konnte. Es galt also, den Patienten in seinem Rückgriff auf frühe Beziehungserfahrungen möglichst wenig zu beeinflussen. Dazu ersannen die Analytiker die Abstinenzregel, die ihnen eine größtmögliche persönliche Zurückhaltung auferlegte. Denn je weniger sie als reale Person erkennbar würden, so war die Idee, desto weniger würden sie die Entfaltung der bereitliegenden Übertragungsneigung im Patienten stören.

Manche Analytiker der frühen Zeit betrachteten sich als »Kleiderpuppe« (Fließ), die vom Patienten ganz nach seinen Erinnerungsbildern ausgestattet wird. Um als Kleiderpuppe optimal zur Verfügung zu stehen, muss man selbst möglichst unsichtbar sein, denn jede persönliche Äußerung des Analytikers stört die Entfaltung der Übertragung. Diese Haltung erinnert an das Objektivitätsgebot der klassischen Testtheorie der Psychologie, der zufolge das Ergebnis eines Testverfahrens umso objektiver ausfällt, je weniger der Testanwender persönlich in Erscheinung tritt und Einfluss nimmt.

Dieses frühe Abstinenzkonzept steht also im Einklang mit der Auffassung der Übertragung als einer unbewusst bereitliegenden Disposition. Aber unverkennbar trägt es doch auch defensive Züge. Nicht nur, dass sich die Analytiker fürchteten, in die »Klauen der Übertragung« zu geraten, sondern sie waren auch erschrocken über die große Zahl ihrer Kollegen, die mit ihren Patientinnen (oder deren Angehörigen) sexuelle Beziehungen eingingen.[3]

Dieses »defensiv-objektivierende« Abstinenzkonzept (Körner u. Rosin, 1985) hielt sich viele Jahre, insbesondere unter dem Einfluss der Ich-Psychologie in den USA. Ein erstes Ziel der Therapie nach diesem Modell war es dann, dem Patienten seinen Übertragungsirrtum vor Augen zu führen. Zunächst aber musste er einsehen, dass er seinen Analytiker nicht wahrnimmt, wie er ist, sondern wie er ihn sehen möchte.

Eine Patientin widersprach mir entschieden: »Es stimmt nicht, wenn Sie sagen, dass ich *denke,* Sie sind desinteressiert. Sie *sind* desinteressiert!«

In solch einem Fall setzt die Kunst der Deutung die Einsicht beim Patienten voraus, dass es überhaupt etwas zu deuten gibt. Weigert er sich, müssen wir ihn zunächst für den Gedanken gewinnen, dass es nicht um »die« Realität in unserer Beziehung geht, sondern um seinen Entwurf von sich selbst und seinem Therapeuten. Er muss also, wie der Philosoph Helmuth Plessner (1975) meinte, einen »exzentrischen Standpunkt« einnehmen, um sich von dort aus selbst betrachten können. Das ist keineswegs nur eine kognitive Leistung, denn eine derartige Einsicht wie »Ich *finde,* dass mein Analytiker desinteressiert ist«

---

3 Denn die Liste derjenigen Psychoanalytiker/-innen, die sexuelle Verhältnisse mit ihren Patientinnen/Patienten bzw. deren Angehörigen eingingen, ist lang: nicht nur Ferenczi und C. G. Jung, auch Groddeck, Stekel, Tausk, Reich, Bernfeld, Fenichel, Aichhorn, Rank, Radó, Jones, Masud Khan, Fromm-Reichmann, Horney und Schultz-Hencke (Krutzenbichler, 2008; Krutzenbichler u. Essers, 1991, 2010).

macht den eigenen Standpunkt unsicher und angreifbar und kann natürlich Schuldgefühle wecken.

Man hat Deutungen, die dem Patienten vor Augen führen sollen, wie er seinen Analytiker und auch andere Beziehungspersonen wahrnimmt, »Klarifikationen« genannt. Oft müssen sie wiederholt werden, bevor sie wirksam sein können:

»Sie haben sich im Gespräch mit Ihrem Chef ja gleich verteidigt; offenbar rechneten Sie wieder damit, angegriffen zu werden. Das kennen wir zwischen uns ja auch schon recht gut.«

Erst wenn ein solcher Patient einsieht, dass er dazu neigt, Autoritätspersonen Angriffe zu unterstellen, kann er für die Einsicht gewonnen werden, dass er in der therapeutischen Situation (und auch außerhalb) ein Beziehungsmodell veranschlagt, das stark von seinen frühen sozialen Erfahrungen geprägt ist. Also könnte eine Patientin die schlichte Deutung hören: »Ihre Angst, ich könnte ganz desinteressiert sein, ist dieselbe Angst, die Sie schon bei Ihrem Vater hatten.« Und es mag sein, dass diese Rekonstruktion, diese Parallele zutrifft und von der Patientin auch verstanden wird. Aber wird sie auch zu Veränderungen führen?

In vielen Fällen erscheint die Übertragung aber nicht als – mehr oder weniger offenkundige – Verkennung der Analytikerin oder des Analytikers, sondern eher als Anspielung in den Einfällen des Patienten. Wenn dieser zum Beispiel erzählt, das ihn sein Vorgesetzter »schon zum dritten Mal in dieser Woche kritisiert hat«, könnte der Analytiker vielleicht denken: Der Patient kommt ja dreimal in der Woche, und tatsächlich fühlt er sich zuweilen von mir kritisiert, und er deutet: »Ich glaube, Sie meinen mich!«

Eine Patientin hatte in den ersten Monaten ihrer Analyse überaus kontrolliert gesprochen und sich sehr bemüht, ein sprachlich hohes Niveau einzuhalten. Ich sprach sie darauf an, und sie sagte: »Ja, ich denke doch, dass Sie hinter mir sitzen und Grimassen schneiden, wenn ich wieder mal etwas Schwachsinniges sage.« Ich war erschrocken, aber es war nicht schwer, die Quelle dieser Übertragung zu identifizieren. Sie war schon als Kind von ihrer Mutter idealisiert worden, die ihr große Fähigkeiten zuschrieb; sie hatte sich mit dieser Zuschreibung identifiziert und versucht, diesen Erwartungen an sich selbst gerecht zu werden. Ihr hohes Ich-Ideal und ihre Neigung, sich bei geringsten Unzulänglichkeiten selbst zu verachten, hatte sie auf mich projiziert und sich deswegen auch vor mir geschämt.

Auch wenn diese Patientin die Rekonstruktion ihrer Beziehungserwartung einsah, war sie natürlich nicht gleich davon zu überzeugen, dass sie sich irrte. Denn solch ein Eindruck wie »Mein Analytiker verachtet mich« ist nicht durch ein »Es ist Ihre überhöhte Erwartung an sich selbst, die Sie von Ihrer Mutter übernommen haben und mir nun zuschreiben« zu korrigieren. Das war in diesem Fall schon deswegen nicht so einfach, weil die Patientin ihre hohen Erwartungen an sich selbst liebte. In ihren Augen war sie dadurch etwas ganz Besonderes, und sie konnte so auf die nur »mittelmäßigen« Personen um sie herum mit leichter Verachtung herabblicken. Das ist ein »sekundärer Krankheitsgewinn«, der einen Patienten davon abhält, eine Einsicht aufgrund einer klugen Deutung wirksam werden zu lassen.

Die Wirkung rekonstruktiver Übertragungsdeutungen ist insbesondere dann begrenzt, wenn die Übertragung auf sehr frühe Beziehungserfahrungen zurückgreift, die nicht im deklarativen Gedächtnis, also sprachlich codiert, gespeichert sind. Dann erreichen wir mit rein sprachlichen Deutungen nur wenig. Patientinnen und Patienten zum Beispiel, die in der DDR schon im Alter von acht oder neun Wochen in einer »Wochenkrippe« untergebracht waren, wo sie von Montag bis Freitag ständig wechselnden Bezugspersonen ausgesetzt waren, sodass ihnen die notwendige Spiegelung und stabile emotionale Resonanz fehlte, sind davon oft noch als Erwachsene sehr geprägt. Manche traten eine »Flucht in die Autonomie« an, waren in ihrer Lebensbewältigung durchaus erfolgreich, aber unfähig, emotionale Nähe zu erleben – und vermissten sie auch nicht, auch nicht in der analytischen Beziehung. Eine Deutung, die diesen biografischen Zusammenhang darstellt, ist ihnen zwar verständlich, ändert aber nur sehr wenig.

Was also tun, wenn die Kunst der Deutung in solchen Fällen endet? Wenn also die Patientin im vorigen Beispiel dabei bleibt, dass ich sie wegen ihrer »schwachsinnigen« Beiträge verachte? Nicht wenige Analytikerinnen und Analytiker versuchten (und versuchen bis heute), die Erwartungen ihrer Patienten im Handeln zu widerlegen. Einer Patientin, die befürchtet, dass ihr Analytiker desinteressiert sei, könnte man also betont lebhaftes Interesse zeigen. Oder jene, die befürchtet, ihr Analytiker verachte sie bei den geringsten Unzulänglichkeiten, sollte vielleicht in der Realität erfahren, dass ihr Analytiker über sie sehr milde urteilt.

Dies sind etwas vordergründige Versuche, eine »korrigierende emotionale Erfahrung« nach dem Konzept von Alexander und French (1946) zu stiften. Deren Vorschlag, den Patienten eine »corrective emotional experience« zu ermöglichen, war aber gar nicht so gemeint, dass der Analytiker in einer Art »Rollenspiel«, wie Karl König (persönl. Mitteilung) das nannte, aktiv versuchen sollte, dem Patienten zu beweisen, dass er sich in seinen Wahrnehmungen vom Analytiker irre. Das liefe im ärgsten Fall ja darauf hinaus, dass der Analytiker sich verstellt, um damit die Beziehungserwartung seines Patienten oder seiner Patientin zu durchkreuzen.

Eine Lehranalysandin war überzeugt davon, dass sie ihrem Lehranalytiker gleichgültig sei. Sie verlangte von ihm, dass er ihr seine Sympathien offen zeige, zum Beispiel dadurch, dass er sie betont herzlich begrüße, wenn sie des Abends den Seminarraum ihres Ausbildungsinstituts betrat. Tatsächlich kam sie zu den Veranstaltungen ihres Analytikers immer etwas zu spät, um ihm Gelegenheit zu geben, sie für alle erkennbar mit einem herzlichen »Guten Abend, Frau XY« zu begrüßen. Er gewöhnte sich das tatsächlich an, aber die Analysandin verachtete ihn dafür und brach die Lehranalyse ab.

Tatsächlich führen derartige Verhaltensbeweise nur selten zum Erfolg. Zum einen durchschauen die Patienten ein solches »Rollenspiel« und fühlen sich dann in ihrer negativen Beziehungserwartung eher noch bestätigt. Zum zweiten: Wie soll sich der Analytiker verhalten, wenn sich seine Patientin gar nicht irrt, sondern sehr wohl spürt, wie hohl und aufgeblasen er sie findet? Dann wäre seine freundliche Haltung wirklich gelogen und insofern doppelt unglaubwürdig. Und drittens müssten wir im Fall der Patientin mit den überhöhten Ansprüchen damit rechnen, dass sie bei ihrem Anspruch bleibt, nun aber auch auf den Analytiker herabsieht, etwa so: »Dann sind Sie wohl auch nur so ein Durchschnittsmensch, der mit einem Mittelmaß zufrieden ist, nicht wahr?«

Das Konzept von der »corrective emotional experience« erscheint weniger vordergründig, wenn man es – was sprachlich durchaus naheliegt – nicht mit »korrigierender Erfahrung«, sondern mit »korrigierendem Erleben« übersetzt. Dann richtet sich die Aufmerksamkeit weniger auf das tatsächliche Handeln des Analytikers, sondern mehr darauf, wie der Patient seinen Analytiker oder seine Analytikerin subjekthaft erlebt.

Hier endet die »Kunst der Deutung« und auch vielleicht die »Macht der Beziehung«. Wir stehen jetzt wohl vor den Grenzen des ersten hier vorgestellten Konzepts psychoanalytischer Methodik, das darauf setzte (und für nicht wenige Analytiker immer noch darauf setzt), dass der Patient über seine »selbst verschuldete Unmündigkeit« (Kant) aufgeklärt werden muss, indem er einsieht, was er vor sich selbst verbirgt – sei es, dass er die Ursache (besser: den Grund) für seine Erkrankung erkennt, sei es, dass er versteht, wie sehr er sich in der Übertragung auf seinen Analytiker »irrt«. Im nächsten Kapitel werden wir ein zweites psychoanalytisches Modell untersuchen, das sich in seiner klinischen Theorie und seinem methodischen Konzept vom ersten deutlich unterscheidet. Doch das erste Modell, das wir mit »Aufklären und bewusst machen« bezeichnen könnten, war und ist auch immer noch durchaus verbreitet.

## 2.2 Das Selbstverständnis der Psychoanalytiker im Modell »Aufklären und bewusst machen«

Unter welchen Voraussetzungen war und ist dieses Modell erfolgreich? Freuds Intervention im Gespräch mit Katharina war streng genommen keine Deutung, sondern eher eine suggestiv vorgetragene Erklärung über einen unbewusst gewordenen »quasikausalen« Zusammenhang und eine Rekonstruktion. Dass sie so wirksam war, lag sicher auch an der Autorität, die Katharina dem »Herrn Doktor« zuschrieb, sodass sie seiner Aufforderung, sich zu erinnern, folgte und sich in seiner Gegenwart traute, ihre peinlichen Erinnerungen aufzurufen und ihm mitzuteilen.

Die Methode, das unbewusst Gewordene, das die Symptombildung erzwang, bewusst zu machen, setzt zweifellos Patienten voraus, die dem Analytiker diese Autorität, »es zu wissen«, zuschreiben. Obgleich diese Autorität über die Jahrzehnte sicher geschwunden ist, führt diese *Kunst der Deutung,* nämlich das Unbewusste bewusst zu machen, auch heute noch in vielen psychodynamischen Behandlungen zu nachhaltigen therapeutischen Erfolgen. Aber gewiss setzt diese Deutungskunst, nämlich einen quasikausalen Zusammenhang zu erklären und trotz aller Widerstände plausibel und annehmbar zu machen, eine *Macht der Beziehung* voraus, die als sehr asymmetrisch, wenn nicht gar als autoritär bezeichnet werden muss: Auf der einen Seite brauchen wir einen Analytiker, der in seiner Deutungshoheit schon weiß, was der Patient noch vor sich selbst verbirgt, auf der anderen Seite rechnen wir mit einem Patienten, der dem Analytiker dieses bedeutende Wissen möglichst ohne Zweifel zuschreibt.

Diese Zuschreibung verleiht dem Analytiker sehr viel Macht. Er sollte damit gewissenhaft umgehen. Das ist zuweilen sehr schwierig, vor allem dann, wenn der Psychoanalytiker durch eine intensive, imperative Übertragung in Bedrängnis gerät. Und dann kann es geschehen, dass ein Analytiker eine sehr negative Beziehungsphantasie seines Patienten dadurch zu entschärfen sucht, dass er sie als Übertragung, also als Irrtum, abweist: »Ihre Enttäuschung über mich richtet sich eigentlich an Ihren Vater, der immer so desinteressiert war.« Mit dieser Deutung kann sich der Analytiker davonstehlen, den Patienten aus dem Hier und Jetzt werfen und in die Genese wegschicken.

Hier zeigen sich die Risiken der frühen Konzeption der Übertragung: Sie sei eine verbliebene Kindlichkeit, ein Irrtum in der Zeit, und sie sei falsch, sei also daran zu erkennen, dass der Patient seinen Analytiker nicht so sieht, wie er »wirklich« ist (oder wie er sich sehen will). Viele Fallgeschichten handeln von negativen Übertragungen, in denen ein Patient seinen Analytiker oder seine Analytikerin als desinteressiert, geldgierig, lüstern oder autoritär bezeichnet. Und regelmäßig werden diese Fallgeschichten mit dem Unterton erzählt: Klar, der Patient irrt sich, denn so bin ich ja wirklich nicht. Also ist es eine Übertragung.

Dass Fallgeschichten mit einer idealisierenden Übertragung so selten erzählt werden, liegt vielleicht auch daran, dass das »Falsche« einer idealisierenden Übertragung nicht sogleich ins Auge fällt, weniger als Widerstand wahrgenommen wird, sondern vielleicht – mit Freud – unter die Rubrik einer »milden positiven Übertragung« gestellt wird, die man nicht deuten soll, solange sie nicht zum Widerstand geworden ist.

Für viele Analytiker ist es bis heute trotz intensiver Selbsterfahrung und supervisorischer Begleitung wenig reizvoll, die Haltung dessen, »der es weiß«[4], aufzugeben. Einige glauben sicher zu wissen, was die Traumerzählung ihres Patienten bedeutet, und tatsächlich kann man ja auch auf publizierte Register der Traumsymbole[5] zurückgreifen. Dort heißt es beispielsweise: »Nach Sigmund Freud stellt das Treppensteigen ein klassisches Sexualsymbol dar. Der Rhyth-

---

4   Krutzenbichler (im Druck): Er erliegt hier seinem eigenen Begehren, der Begehrte, der Wissende zu sein, und nimmt die Haltung des »sujet qui sait« (Laplanche) ein.
5   Auf https://www.traumdeutung-traumsymbole.de/kann man sich erklären lassen, was Traumsymbole bedeuten. Diese Webseite bietet – ganz naheliegend – auch Dienstleistungen von »Kartenlesern, Hellsehern und Wahrsagern« an.

mus beim Treppensteigen – so Freud – ist dem Rhythmus beim Beischlaf vergleichbar«.

Die »Kunst der Deutung« im frühen Modell psychoanalytischer Methodik setzt also ein »paternales« Verhältnis (Cremerius, 1979) zwischen Patient und Analytiker voraus. Und es war ja auch deswegen lange Zeit erfolgreich, weil viele Patienten ihren Analytikern eine unbeschränkte Macht der Beziehung zuschrieben. Diese haben die Rolle dessen, der »es weiß«, gern angenommen. Sie bildet einen Kern ihres beruflichen Selbstverständnisses. Auswirkungen finden sich in den psychoanalytischen Organisationen und den Methoden ihrer Ausbildung bis in die Neuzeit hinein.

Zum Selbstverständnis des Psychoanalytikers, der »es weiß«, gehörte lange Zeit auch, dass er sich der Wirksamkeit seiner Methode sicher war. Er hatte sie in seiner eigenen Analyse vermutlich als sehr hilfreich erlebt und er war mit der Entwicklung der Patienten, die er behandelte, in der Regel sehr zufrieden. Diese Gewissheit erlaubte ihm lange Zeit, auf wissenschaftliche Forschung zur Wirksamkeit der psychoanalytischen Methoden zu verzichten. Der langjährige weitgehende Verzicht auf Bemühungen, die Effizienz analytischer Psychotherapie nachzuweisen, führte aber zu einem gravierenden Forschungsdefizit, das erst in den letzten Jahrzehnten schrittweise ausgeglichen wird.

Das Forschungsdefizit der psychoanalytischen Methode ließ sich lange Zeit auch mit der Behauptung begründen, dass ihre Erfolge nur mit großer Mühe – wenn überhaupt – objektiv erfassbar seien. Psychoanalytische Psychotherapeuten und Psychotherapeutinnen arbeiten tatsächlich weniger auf konkrete Ziele hin; ihr Handeln ist eher wertrational als zweckrational[6] begründet, und sie verwirklichen zumindest implizite Vorstellungen vom »guten« oder »gelungenen« Leben.

Hinsichtlich dieser impliziten Vorstellungen unterscheiden sich Psychoanalytiker allerdings deutlich voneinander. Beispiele: Die einen fordern vom Patienten, sich aufrichtig und rückhaltlos zu erforschen, die anderen finden es viel wichtiger, dass der Patient lernt, mit sich

---

6 Eine Unterscheidung, die Max Weber eingeführt hat.

zufrieden zu sein. Die einen möchten die soziale Kompetenz ihres Patienten fördern, die anderen zielen eher darauf ab, dem Patienten zu helfen, unabhängiger von seinen inneren und äußeren Beziehungsobjekten zu werden.

In einer Makroperspektive lassen sich die unterschiedlichen Menschenbilder der Psychoanalytiker einander gegenüberstellen. Kohut (1977) unterschied zwischen den Konzepten des »schuldigen« und des »tragischen« Menschen. Den »schuldigen« Menschen fassen wir ins Auge, wenn wir seine Triebkonflikte ins Zentrum seiner Persönlichkeit rücken. Schuldig wird er unvermeidlich, weil er bei seinem Versuch, seine Triebwünsche zu verwirklichen, unvermeidlich in Konflikte mit der Umwelt, aber auch mit seinen verinnerlichten beobachtenden und strafenden Instanzen gerät.

Der »tragische« Mensch hingegen sucht seine Selbstentwicklung und Selbstverwirklichung. Oft genug, fast unvermeidlich scheitert er dabei an seiner Umwelt, an unempathischen oder gar böswilligen Mitmenschen, das ist das Tragische seines Schicksals.

Eine ähnliche Unterscheidung stammt von C. Strenger (1989), nämlich zwischen einem »klassischen« und einem »romantischen« Menschenbild. Mertens (2009, S. 75) beschreibt diese Menschenbilder so: Das klassische Menschenbild betont das »verantwortungsvolle, tapfere Umgehen mit der eigenen Triebhaftigkeit, den nie zur Ruhe kommenden Wünschen, der Selbsttäuschung und dem allgegenwärtigen Verlangen, den eigenen Vorurteilen und Größenphantasien gegen die Stimme der Vernunft nachzugeben. Das ›romantische‹ Menschenbild zielt […] eher auf die Entwicklung und Einzigartigkeit des Individuums, auf dessen Spontaneität und Reichhaltigkeit seiner Erfahrungen in der Beziehung zu anderen Menschen«.

Es liegt auf der Hand, dass sich Psychoanalytiker, die das Konzept des »schuldigen« Menschen und ein »klassisches« Menschenbild verfolgen, methodisch anders auf ihre Patienten einstellen als diejenigen, die eher den »tragischen« Menschen im Patienten suchen und ein »romantisches« Menschenbild veranschlagen. Cremerius hat 1979 eine viel beachtete Arbeit über »zwei analytische Techniken« vorgelegt. Er beschreibt eine »paternistische Vernunfttherapie« und stellt sie der »mütterlichen Liebestherapie« gegenüber. Die paternistisch-methodische Einstellung lässt sich am ehesten bei Psychoanalytikern erkennen, die das »klassische« Konzept des »schuldigen« Menschen bevorzugen, während die »mütterliche«, romantische Haltung sich gewiss auf den »tragischen« Menschen richtet.

Der »mütterliche« Psychoanalytiker stellt nicht die subjektive Schuld des Patienten oder des Kindes von damals in den Vordergrund, sondern ist empathisch für das erlittene Leid, womöglich das Trauma von damals. Während der paternale Analytiker seinen Patienten gleichsam fragt: »Was hast du getan, was hast du im Schilde geführt?«, erkundigt sich der maternale Therapeut teilnahmsvoll: »Was hat man dir, du armes Kind, getan?«[7]

Es ist sehr wichtig, dass sich die Psychoanalytiker des Menschenbildes bewusst werden, das sie implizit veranschlagen. Denn so oder so: In jedem Fall wird sich ihre Haltung auf den Prozess und auf die Entwicklung ihres Patienten auswirken – möglicherweise umso deutlicher, je weniger sich der Analytiker über sein eigenes Menschenbild im Klaren ist.

Wie weit der Einfluss eines Analytikers auf die Entwicklung seines Analysanden reichen kann, habe ich selbst erfahren: Nach meiner psychoanalytischen Ausbildung nahm ich an einer gruppentherapeutischen Weiterbildung teil, die auch eine intensive Selbsterfahrung in einer Gruppe einschloss. Nach dieser Weiterbildung sagte mir der Leiter meiner Selbsterfahrungsgruppe: »So wie ich Sie hier erlebt habe, vermute ich, dass Sie bei Herrn XY in Lehranalyse waren.« Er hatte zu meiner Bestürzung richtig geraten. Er konnte das nicht wissen, wusste nur, an welchem Institut ich ausgebildet worden war.

Zurück zum Forschungsdefizit der Psychoanalyse: Psychoanalytiker rechtfertigten ihre geringen Forschungsbemühungen lange Zeit auch

---

7 So lautet ja auch der gleichnamige Titel des Buches von J. M. Masson (1991).

mit der Behauptung, dass ihr »Wissen«, auf das sie ihre Autorität gegenüber den Patienten begründeten, nur auf den Einzelfall bezogen wirksam wäre. Das ist insofern richtig, als in der Psychoanalyse lange Zeit nur in geringem Umfang ein systematisches, »universalisiertes« Wissen (Schaeffer, 1990) zur Verfügung stand, das über den Einzelfall hinweg anwendbar wäre. Das kann auch kaum anders sein, denn der Einzelfall ist immer viel komplexer, als es das universalisierte Wissen abbilden könnte. Daher muss der Analytiker die unvermeidliche »Begründungslücke« (Körner, 2015b) zwischen wissenschaftlich begründetem Wissen und Handlungsentscheidungen im Einzelfall mit seiner Intuition und seiner Erfahrung schließen.

Dadurch, dass die Begriffe der psychoanalytischen Methode in der Praxis entwickelt wurden, sind sie nur wenig in theoretischen Erklärungssystemen verankert – hier liegt ein großer Unterschied zur Verhaltenstherapie – und der Prozess ihrer Anwendung erscheint zuweilen wenig »argumentationszugänglich« (Körner, 2003). Bisweilen neigen Psychoanalytikerinnen und Psychoanalytiker auch dazu, ihre Begriffe zu verrätseln, zu mystifizieren. Zum Beispiel die »projektive Identifizierung« (Ogden, 1979), ein häufiger, geradezu alltäglicher Beziehungsversuch: Ein Patient versucht, sich von seinem sadistischen Über-Ich dadurch zu befreien, dass er es seinem Analytiker zuschreibt, ihn vielleicht auch dazu verführt, tatsächlich eine entwertende Bemerkung zu machen, gegen die sich der Patient dann empört zur Wehr setzen kann.

Melanie Klein, die den Begriff (1946) geprägt hat, erblickte in der projektiven Identifizierung einen sehr frühen, in der paranoid-schizoiden Entwicklungsphase häufigen Abwehrmechanismus. Die neueren Befunde der Säuglingsforschung allerdings begründen erhebliche Zweifel an der Behauptung, selbst wenige Monate alte Säuglinge würden ihre Mutter projektiv-identifikatorisch verwenden (Reich, 2014). Auch diesen Begriff kann der Psychoanalytiker, ähnlich wie das Konzept von der Übertragung, in einer »paternal« gestalteten Beziehung verwenden, um sich aus einer Verstrickung in die Beziehung zum Patienten zu befreien. Zum Beispiel könnte er eine heftige Aversion gegen seinen Patienten darauf zurückführen, dass dieser die negativen Gefühle in ihn »hineingesteckt« habe (Sandler, 1987, S. 162), und ihn damit konfrontieren.

Das gehobene, zuweilen elitäre Selbstverständnis – besser: Selbstbewusstsein – der Psychoanalytiker wurde für lange Zeit auch geprägt von der Gewissheit, mit der Psychoanalyse nicht nur eine wirksame Methode zur Behandlung seelischer Erkrankungen gefunden zu haben, die helfen kann, wieder »Herr im eigenen Hause« zu werden, sondern auch über ein gesellschaftlich-aufklärerisches Instrument zu verfügen. Denn der Abschied aus der »selbstverschuldeten Unmündigkeit« (Kant) findet nicht nur dann statt, wenn Patienten in der analytischen Psychotherapie sich ihrer unbewussten Motive bewusst werden, sondern auch auf einer politischen Ebene, wenn Menschen sich darüber klar werden, wie sehr sie zum Beispiel in ihren politischen Haltungen und Entscheidungen von unbewussten Motiven geprägt sind.

Die Studien zur Autoritären Persönlichkeit (Adorno, Frenkel-Brunswik, Levinson u. Nevitt Sanford, 1950) deckten beispielhaft auf, wie es zu erklären ist, dass sich so viele Menschen in autoritärer Unterwerfung an einen »Führer« binden und sich selbst eine blinde Gefolgschaft auferlegen. Der intime Dialog zwischen den Angehörigen einer von Deklassierung bedrohten Mittelschicht und einem Führer ist höchst wirksam, solange er unbewusst bleibt: Die Gefolgsleute bieten ihrem Führer eine Idealisierung an, die dieser gern verkörpert. Im Gegenzug verheißt er seinen Anhängern, sie zu jener Größe zu führen, nach der sie sich so sehnen.[8] Dass dieser Dialog sich unterhalb bewusster, rationaler Kontrolle einspielt, lässt sich mit Abstand gut erkennen. Denn der Führer war alles andere als eine heldische Person: unehelich geboren, ein kleiner Soldat im Ersten Weltkrieg und ein nur schwach begabter Maler.

Die »Kritische Theorie des Subjekts« (Lorenzer, 1972) deckte die biografischen Zusammenhänge auf, die derartige unbewusste Dia-

---

8 Eine Parallele zu dem Slogan »Make America great again« bietet sich hier an.

loge (es sind projektive Identifizierungen) ermöglichen: Eine repressive Erziehung fördert die Neigung zu autoritärer Unterwerfung und aggressiven Vorurteilen gegenüber Minderheiten (Körner, 1976). Die Arbeiten der »Frankfurter Schule« (Max Horkheimer, Theodor W. Adorno, Herbert Marcuse, Erich Fromm, Walter Benjamin) beeinflussten auch die pädagogischen Konzepte der 1960er Jahre bis hin zur »antiautoritären« Erziehung. Darin kamen auch psychoanalytische Beiträge zur Geltung, die schon lange vor dem Zweiten Weltkrieg auf die Folgen einer triebfeindlichen Sexualerziehung hingewiesen hatten (Wilhelm Reich, Siegfried Bernfeld, August Aichhorn). Ziel dieser Psychoanalytischen Pädagogik war die Entwicklung pädagogischer Konzepte, die weitgehend auf »Triebunterdrückung« verzichten sollte und das selbstbewusste, handlungsfähige Individuum ermöglichte.

Bis in die 1980er Jahre gehörte es zum Selbstverständnis eines Psychoanalytikers, dass er nicht nur eine wirksame therapeutische Methode anwandte, sondern auch eine gesellschaftskritische Theorie vertrat, die die politische Kultur jener Zeit nachhaltig prägte. Und diese beiden Kompetenzen, die Anwendung der analytischen Psychotherapie in der Arbeit mit Patienten einerseits und die einflussreiche Mitwirkung in gesellschaftspolitischen Debatten andererseits, teilten sich nicht auf zwischen den jeweiligen Professionen, sondern sehr viele einflussreiche Autoren jener Zeit waren sowohl erfahrene Psychoanalytiker als auch Hochschullehrer in den sozial- und kulturwissenschaftlichen Fakultäten. Dieser sehr produktive Brückenschlag zwischen den Professionen war auch dadurch ermöglicht worden, dass bis 1999 nicht nur Ärzte und Psychologen, sondern auch Theologen, Erziehungs- und Sozialwissenschaftler zur psychoanalytischen Weiterbildung zugelassen wurden.

# 3 Die zweite Generation der Patienten: Die Arbeit im Subjektmodell

Eine zweite Generation der Patienten kündigte sich schon sehr zeitig, nämlich im Jahr 1897, an, als Freud seinem Freund Wilhelm Fließ schrieb: »Ich glaube an meine Neurotika nicht mehr« (Freud, 1962, S. 187). Was war geschehen? Freud hatte herausgefunden, dass seine »Neurotika« nicht immer die Wahrheit sagten, wenn sie etwa von frühen sexuellen Übergriffen erzählten. Damit war seine Theorie, dass früh erlebte, aber verdrängte traumatische Erfahrungen zur seelischen Krankheit und zur Symptombildung führten, wohl nicht mehr zu halten. Fast hätte er resigniert und bedauerte schon, dass man vom Träume-Deuten allein wohl nicht leben könne.

Er gab aber nicht auf, sondern fand eine Lösung, die aus heutiger Sicht eine spektakuläre Neuausrichtung der Psychoanalyse bedeutete. Er habe sich damals, schreibt er in einem Rückblick des Jahres 1914 (S. 351), entschieden, statt der »faktischen« die »psychische« Realität zum Gegenstand der Psychoanalyse zu machen. Ursachen (besser: Gründe) für seelische Erkrankungen waren nun nicht mehr nur belastende, vielleicht traumatische Erfahrungen, die verdrängt werden mussten, sondern auch eine (nur) phantasierte Bedrohung kann krank machen, wie im Beispiel des »kleinen Hans« (Freud, 1909). Dessen phobische Symptome waren vermutlich nicht Folge einer traumatischen Erfahrung, sondern eine auf Pferde und Giraffen verschobene Angst vor dem Vater, der ihm so bedrohlich erschien, weil er die Mutter so sehr liebte und deshalb den Vater und dessen Rache so fürchtete.[9]

---

9 Allerdings: Im Alter von dreieinhalb Jahren wird er von der Mutter, die Hand am Penis, angetroffen. Diese droht: »Wenn du das machst, lass' ich den Dr. A. kommen, der schneidet dir den Wiwimacher ab.«

Indem Freud die »psychische Realität« in den Mittelpunkt der therapeutischen Arbeit stellte, sprach er das interpretierende Subjekt im Patienten an. Nunmehr war nicht so sehr von Bedeutung, was dieser in seiner frühen Geschichte wirklich erlebt hatte, sondern wie er seine Erfahrungen subjekthaft deutete. Um also die Geschichte unseres Patienten zu rekonstruieren, führen wir uns nicht nur die Tatsachen seiner Biografie vor Augen, sondern wir versuchen zu erfassen, wie das Kind von damals und der Patient von heute diese Tatsachen interpretiert. Wenn wir zum Beispiel erfahren, dass unser Patient als sechstes von sechs Kindern geboren wurde, wissen wir fast noch nichts: Fühlte er sich als kleiner Kronprinz, dem vieles erlaubt wurde, was den älteren Geschwistern versagt worden war, oder galt er als ein »Unfall«, als ungeplantes, spät geborenes Kind und eine Belastung für die Familie? Um das zu erfahren, müssen wir den Patienten fragen, und wir werden erleben, dass die erste Version einer Erinnerung, die wir erfahren, eine vielleicht ganz andere verdeckt, und auch diese muss nicht »die letzte Wahrheit« sein.

Eine Patientin berichtete, dass sie als Kind sehr darunter gelitten habe, dass ihre nachgeborene Schwester ständig »vorgezogen« worden sei. Nach deren Geburt in ihrem siebten Lebensjahr sei sie ein unglückliches Mädchen gewesen und habe schon als Jugendliche die Familie verlassen, um zu ihrem ersten Freund zu ziehen. In der analytischen Beziehung fiel sie durch ihre Anspruchshaltung auf. Sie erwartete zum Beispiel, dass ihr Analytiker bei der Stundenplanung ihre Bedürfnisse berücksichtigte, und reagierte vorwurfsvoll, wenn ihm das nicht gelang. Nach und nach tauchten in ihren Erinnerungen Szenen auf, in denen sie als junges Mädchen ganz offenbar die kleine Familie dominierte, indem sie zum Beispiel bestimmte, was gegessen werde durfte und was nicht. Es gelang, ihr vor Augen zu führen, wie sehr sie sich als »Prinzessin« gefühlte hatte und wie enttäuscht und verbittert sie gewesen war, als ihr die Geburt einer Schwester zugemutet wurde.

Die geschichtlich so bedeutsame Wendung von der »praktischen« zur »psychischen« Realität blieb nicht ohne Widerspruch. Einige Autoren – so etwa Jeffrey Masson (1991) mit seinem Buch »Was hat man dir, du armes Kind, getan? Sigmund Freuds Unterdrückung der Verführungstheorie« – vermuteten, dass Freud mit seiner Wendung zur »subjektiven Realität« die reale Schuld missbrauchender Väter relativieren und die Generation der Eltern – seiner Eltern? – exkulpieren wollte. Tatsächlich kommt es wohl vor, dass die beschädigende Realität eines sexuellen Missbrauchs dadurch aus dem Blickfeld gerät, dass es dem Betrachter nur darauf ankommt, wie ein Kind diesen Missbrauch erlebt hat – und das sei dann vielleicht gar nicht so schlimm. Eine solche fatale Wendung gegen die Interessen traumatisierter Kinder oder Jugendlicher entspräche aber nicht dem Sinn der psychoanalytischen Hinwendung zur subjektiven Realität, die geradezu gegenteilige Ziele verfolgt: nämlich die Erzählungen einer Patientin, eines Patienten auch dann ernst zu nehmen, wenn sie nicht »realitätsgerecht« sind.

## 3.1 Klinische Theorie und therapeutische Methode im Subjektmodell

Mit der Anerkennung der subjektiven Realität der Patienten änderte sich die klinische Theorie der Psychoanalyse, das zeigt sich schon in der Betrachtung der Lebensgeschichte unserer Patienten: Die »harten Daten« einer Biografie sind in den Hintergrund getreten, der Patient schildert uns immer seine interpretierte Wirklichkeit – selbst dann, wenn es sich um sehr frühe Erfahrungen handelt, die er nur im prozeduralen Gedächtnis speichern, sich aber sprachlich nicht bewusst machen konnte.

Eine Patientin fühlte sich in der psychoanalytischen Situation hilflos ausgeliefert. Sie meinte, sie fühle sich an ihre ersten Lebenswochen erinnert, die sie, von der Mutter getrennt, im Krankenhaus »im Brutkasten« zubringen musste. Ich glaube nicht, dass sie sich tatsächlich an diese Zeit erinnern konnte, aber sie hatte versucht, ihr Gefühl von Einsamkeit und Verlassenheit zu bebildern, und stellte sich vor, dass sich ein allein gelassener Säugling so fühlen könnte, wie ihr gerade jetzt zumute sei. Selbstverständlich habe ich sie nicht darüber belehrt, dass ein wenige Wochen alter Säugling noch nicht über ein deklaratives Gedächtnis verfügt, sodass sie sich zweifellos irre, wenn sie sich zu erinnern glaube. Sondern ich habe ihren Versuch gewürdigt, mit dem Bild vom verlassenen Säugling ihre innere Situation hier und jetzt zu illustrieren.

Die Einsicht, dass Menschen sich immer in ihrer interpretierten Welt bewegen, öffnet uns schier unbegrenzte Möglichkeiten, die Psychodynamik und die Symptome unserer Patientinnen und Patienten zu verstehen. Die Symptome der Katharina, die Atembeschwerden und die Erstickungsangst, entzogen sich noch einer symbolischen Interpretation – jedenfalls ist von Freud keine überliefert. In anderen Fallgeschichten hat Freud allerdings sehr häufig das Symbolhafte von scheinbar ganz wörtlich gemeinten Ausdrücken ins Spiel gebracht.

Ein amüsantes Beispiel findet sich in der Fallgeschichte der »Dora« (Freud, 1905a, S. 230). Freud sagte ihr: »Sie wissen vielleicht nicht, dass ›Schmuckkästchen‹ eine beliebte Bezeichnung für dasselbe ist, was Sie unlängst mit dem angehängten Täschchen angedeutet haben, für das weibliche Genitale.« Dora antwortete: »Ich wußte, daß Sie das sagen würden« – ein bemerkenswert selbstbewusster Umgang mit der autoritär-belehrenden Intervention Freuds.

Eine Patientin war in einer sehr engen Mutterbindung aufgewachsen. Sie hatte als Kind all ihre expansiven Wünsche abgewehrt, weil sie befürchtete, ihre Mutter würde in ihrer Abwesenheit sehr traurig werden, vielleicht sogar sterben. Tatsächlich hatte die Mutter sie zwar nicht mit Verboten eingeschränkt, aber dann doch gedroht: »Geh nur Rollschuh laufen, wenn du wiederkommst, bin ich dann vielleicht nicht mehr da.« Als junge Erwachsene band sie sich an einen Mann, der sich ähnlich wie die Mutter eine sehr enge Bindung wünschte. Nach einigen Jahren entschloss sie sich, den Führerschein zu machen, aber am Tag der Führerscheinprüfung entwickelte sie, als sie das Haus verlassen wollte, eine Phobie, die sie zurück ins Haus trieb. In der analytischen Psychotherapie verstand sie, dass sie die Chance, durch einen Führerschein selbstständig und unabhängig zu werden, als eine »Versuchungs- und Versagungssituation« erlebt hatte, die sie mithilfe des Symptoms, der Agoraphobie, zu bewältigen suchte. Sinnfällig war die auslösende Situation: Das »Über-die-Schwelle-Treten« symbolisierte für sie einen Schritt ins Freie, den sie sich versagen musste.

Es soll nicht verschwiegen werden, dass Psychoanalytiker in den 1970er und auch noch 1980er Jahren die Möglichkeiten der symbolischen Interpretation psychischer und psychosomatischer Symptome exzessiv anwandten. Da wurden körperliche Symptome wie Asthma als Ausdruck aggressiver Gehemmtheit und Neurodermitis als Angst vor Nähe und Berührung gedeutet, aber den Patientinnen und Patienten wurde man so nicht gerecht. Derartige Übertreibungen (wie »Der Darm ist das Sprachrohr des Colitis-Patienten«) haben insbesondere dem Ansehen einer psychoanalytisch orientierten Psychosomatischen Medizin sehr geschadet.

Mit der Anerkennung des interpretierenden Subjekts im Patienten änderte sich auch die Auffassung der Psychoanalytiker von der Übertragung. In der frühen Version betrachtete der Analytiker die Übertragung als Irrtum, der dem Patienten vor Augen geführt werden müsse. Nunmehr aber nehmen wir an, dass der Patient in der Übertragung einen Beziehungsentwurf wagt, in dem er zwar unvermeidlich auf seine früheren sozialen Erfahrungen zurückgreift, diese aber nicht einfach auf den Analytiker projiziert, sondern abgleicht mit dem, was er vom Analytiker wahrnimmt oder wahrzunehmen glaubt. So ist der Analytiker also nicht mehr nur der Spiegel, der eins zu eins abbildet, was der Patient auf ihn projiziert (Projektionen gehen niemals ins Leere), sondern er wirkt an der Gestaltung der Übertragung seines Patienten mit im Sinne einer »Ko-Konstruktion«.

Allerdings unterscheiden sich die Patienten in ihrer Bereitschaft voneinander, ihre Beziehungserwartungen mit den Eindrücken von ihrem Gegenüber, dem Analytiker oder der Analytikerin, abzugleichen. Aber nur selten projizieren sie auf ihr Gegenüber, ohne dessen Beziehungsbeitrag zu berücksichtigen.

Ein Beispiel aus der psychoanalytisch-pädagogischen Arbeit mit delinquenten Jugendlichen (Körner u. Friedmann, 2005, S. 21): Ein Jugendlicher erzählte, wie er sich an einem Abend wieder mal »scheiße« fühlte, und auf der Straße »kommt mir da ein Mann entgegen, den kenne ich nicht, aber der guckt so, dass er denkt: ›Da kommt Dreck, da kommt so ein Asozialer‹, so guckt er. Und dann gehe ich hin und haue ihm eine rein, und dann kann ich manchmal auch nicht aufhören.«

Derart egozentrische Projektionen, welche die Mitwirkung oder wenigstens die Antwort des Gegenübers nicht berücksichtigen, sind sehr selten. In der Praxis analytischer Therapie müssen wir damit rechnen, dass unsere Patientinnen und Patienten in ihrem Beziehungsentwurf schon die Eindrücke verarbeiten, die sie von uns gewonnen haben, auch wenn das Ergebnis nicht immer schmeichelhaft ist:

- Ein Patient verglich die analytische Situation mit der Konsultation eines Zahnarztes: »Der sucht doch auch die kranken Stellen und manchmal muss es auch wehtun.«
- Eine Patientin fuhr ihren Analytiker an: »Beziehung! Sie sprechen immer von Beziehung. Aber wir haben hier doch keine Beziehung. Sie sind der professionelle Therapeut, der vielleicht hilfreich ist, aber eine Beziehung haben wir doch nicht!«
- Eine Analytikerin wurde von ihrem Patienten, der Wert darauf legte, die Stunden jeweils bar zu bezahlen, mit einer Prostituierten verglichen. Jedoch: »Hier ist es teurer, aber weniger amüsant.«

Die Erkenntnis, dass der Analytiker in jedem Fall an der Gestaltung der Übertragung mitwirkt, hat sich natürlich auch auf das Verständnis von der psychoanalytischen Abstinenz ausgewirkt. Der frühe Entwurf, der Analytiker möge möglichst wenig Persönliches von sich preisgeben, um die Übertragungsneigung seines Patienten nicht zu stören, konnte nicht aufrechterhalten werden und wird heute auch nur noch von wenigen Analytikern vertreten. Denn es liegt auf der Hand, dass eine extreme Zurückhaltung – analog dem Objektivitätsgebot der klassischen psychologischen Testtheorie – nicht keinen Einfluss nimmt, sondern im Gegenteil: Der Patient erlebt wahrscheinlich einen wenig einfühlenden, kalt-zurückweisenden Analytiker.

In dem ersten hier vorgestellten Modell »Aufklären und bewusst machen« hatten wir die Übertragungsneigung als eine Disposition verstanden, die im Patienten bereitliegt und in unterschiedlichen sozialen Situationen mehr oder weniger autochthon zum Ausdruck kommt. Sie unterliegt damit dem Wiederholungszwang, der sich »hinter dem Rücken der Subjekte« durchsetzt – mindestens so lange, bis er bewusst wird. Im Subjektmodell der psychoanalytischen Arbeit verschiebt sich der Fokus der gemeinsamen Arbeit in der Therapie: Die Frage »Irrt sich der Patient, und soll er seinen Irrtum einsehen?« tritt in den Hintergrund zugunsten unseres Interesses, wie der Patient unsere Beziehung hier und jetzt interpretiert, wie wir seinen Entwurf deuten wollen und welche Vorannahmen wir dabei veranschlagen.

Die Vorannahmen, unter denen wir im Aufklärungsmodell die Übertragung betrachteten, waren recht einfach: »Der Patient verwechselt uns mit einer bedeutsamen Person seiner Vergangenheit, darin irrt er sich und er soll seinen Irrtum erkennen und korrigieren.« Mit der Wendung zum Subjektmodell vervielfachen sich die möglichen Vorannahmen. Ein Beispiel: Man kann den Beziehungsentwurf in der Übertragung auch intentional verstehen, nämlich als unbewusst-absichtsvollen Versuch, zu prüfen, ob das Gegenüber die Beziehungserwartung einlösen wird oder nicht. Weiss und Sampson (1986) haben dieses Modell des »Hypothesen-Testens« ausgearbeitet und empirisch überzeugende Belege vorweisen können. Nach ihrer –

etwas optimistischen – Überzeugung stellt der Patient mit seinem Übertragungsversuch auch die Frage, ob er sich in seiner Beziehungserwartung vielleicht irrt und sein Gegenüber vielleicht ganz anders erscheinen wird, als er es erwartet (befürchtet?) hat.

Was ist die Kunst der Deutung und wie zeigt sich die Macht der Beziehung in diesem Subjektmodell? Der Analytiker weiß nicht mehr so viel: Er weiß nicht, was die erzählten Traumszenen bedeuten, bevor der Patient seine Einfälle hierzu mitteilt, er weiß nicht, wie er eine spontane Erinnerung seines Patienten verstehen soll, ohne sich mit ihm darüber zu verständigen, und er weiß nicht, wie er die Erinnerungen aus der Biografie des Patienten interpretieren soll.

Deutungen sind in diesem Modell also nur Interpretationsvorschläge, über die wir uns mit unserem Patienten, mit unserer Patientin verständigen müssen (Schöpf, 2014). Die »Wahrheit« einer »richtigen« Interpretation ist nicht zu haben, auch die eifrige Zustimmung zu unserem Deutungsvorschlag macht uns nicht ganz sicher, ebenso wenig wie ein heftiger Widerspruch unseren Irrtum anzeigt.

Wie nun »finden« wir unseren Deutungsvorschlag? Wenn wir im Patienten das interpretierende Subjekt anerkennen (und uns nicht mehr nur fragen, inwiefern er sich »irrt«), suchen wir nicht mehr die »wahre«, womöglich sogar kausale Erklärung für seine Erkrankung, sondern stellen uns darauf ein, dass er uns in seinen Äußerungen vieldeutig erscheint. Dann gehen wir so vor, dass wir den zu interpretierenden Text, eine Traumerzählung etwa, eine Erinnerung oder einen spontanen Einfall des Patienten, probehalber in einen Deutungskontext stellen, in dem dieser Text einen Sinn erhalten könnte. Dabei können wir *entweder* vom Patienten ausgehen und uns fragen, auf welchen Kontext seine Äußerung anspielt. Zum Beispiel könnten wir die Äußerung eines Patienten bei der Begrüßung »Ich muss gestehen, ich bin zu spät« als Hinweis darauf verstehen, dass er die therapeutische Situation – den Kontext – wie ein Verhör oder eine Gerichtsverhandlung erlebt. *Oder* wir wenden von uns aus Deutungsvorannahmen an, die sich bei diesem Patienten in der Vergangenheit vielleicht bewährt haben. (Wahrscheinlich pendeln wir zwischen diesen beiden Perspektiven hin und her.)

Wenn wir von uns ausgehen, könnten wir zum Beispiel für die Deutung eines Traums ganz unterschiedliche Kontexte anlegen:
- Jeder Traum enthält eine Wunscherfüllung. Diese Hypothese hat Freud mehrfach vertreten, zum Beispiel in der »Traumdeutung« von 1900.
- Der Traum eines Patienten handelt immer auch von seinen Kernkonflikten. Harald Schultz-Hencke, ein Analytiker der 1930er und 1940er Jahre in Berlin, war bekannt dafür[10], dass er anhand eines Traums die zentralen Konflikte eines Patienten rekonstruierte, von dem er nur das Alter und Geschlecht kannte.
- Der Traum des Patienten interpretiert immer auch seine Lebensgeschichte.
- Der Traum des Patienten enthält immer auch eine Anspielung auf die aktuelle Übertragungssituation.
- Jeder Traum sollte probehalber auch intentional gedeutet werden: Wozu erzählt sich der Patient diesen Traum? Will er sich zum Beispiel auf etwas aufmerksam machen, sich vielleicht warnen vor einer drohenden Gefahr?
- Jedes Detail im Traum repräsentiert einen Selbstanteil des Patienten.
- Häufig schildert der Traum konkrete Szenen, die der Patient zuvor erlebt hat. Diese »Tagesreste« sind weniger bedeutsam und können im Hintergrund bleiben.

Derart mit Deutungsvorannahmen ausgestattet, können wir eine Traumerzählung eines Patienten probehalber in diese Kontexte stellen und jeweils nach einer triftigen Deutung suchen.

Auch wenn wir unsere eigenen Deutungsvorannahmen sehr schätzen – und im ärgsten Fall sogar zu wissen glauben, was ein bestimmtes Traumsymbol bedeutet –, sind wir doch darauf angewiesen, herauszufinden, auf welche Kontexte der Patient anspielt. Wir hören ihm aufmerksam zu, achten auf seine Wortwahl und unsere spontanen Einfälle dazu.

---

10 Mündliche Mitteilung einer damaligen Augenzeugin, Ilsabe von Viebahn.

Eine Patientin war enttäuscht, dass eine Freundin, mit der sie eine Reise unternehmen wollte, abgesagt hatte. Sie sagte: »Nun muss ich sehen, wer für sie einspringen kann.« Mir fiel das Wort »einspringen« auf, es ließ mich an eine Theatertruppe denken, in der eine Schauspielerin ausgefallen war, und jemand musste gesucht werden, der für deren Rolle »einspringen« könnte.

Diese Assoziation passte recht gut zu meinen bisherigen Erfahrungen mit dieser Patientin. Sie neigte dazu, in ihren Beziehungen Menschen zu kontrollieren, auch zu manipulieren, und ertrug es nicht leicht, wenn sich jemand ihrer Kontrolle entzog. Ich sagte: »Nun suchen Sie jemanden, der die Rolle Ihrer Freundin übernehmen kann.« Sie lachte und meinte: »Das wird schwierig werden, jemanden zu finden, der XY für mich ersetzen kann.«

Wenn wir die Methode der Arbeit »in der Übertragung« (Körner, 1989) bevorzugen, versuchen wir, in den Äußerungen unseres Patienten die Anspielungen herauszuhören, mit denen er uns zu verstehen gibt, wie er unsere Beziehung interpretiert. Nichts anderes praktizieren wir auch in Alltagsdialogen, denn auch dort verständigen wir uns fortlaufend sprachlich, aber auch mimisch-gestisch nicht bewusst mit unseren Beziehungspartnern darüber, »was hier eigentlich los ist« (Goffman, 1977). Diese Funktion des Sprechens, ganz unausdrücklich auf die situativen sozialen Kontexte hinzuweisen, in denen wir uns zu bewegen glauben, nennt man in den Sprachwissenschaften die »Indexfunktion« oder »Indexikalität« der Sprache.

Da sich der Analytiker aufgrund seiner Abstinenz persönlich zurückhält und weil der Patient aufgefordert wird, sich in seinen Assoziationen möglichst wenig durch Gewissenseinsprüche oder die alltäglichen Regeln einer vernünftigen Konversation einzuschränken, entsteht eine soziale Situation, deren Rahmen unklar ist, in der also nicht genau definiert ist, »was hier eigentlich los ist«, sodass der Patient gezwungen ist, auf die ihm vertrauten Deutungsmuster zurückzugreifen. Das heißt, der Patient bewegt sich in seinen gewohnten Deutungskontexten, auf die er – mehr oder weniger verschlüsselt – hinweist, wie im Beispiel des Patienten, der »gestehen« musste, dass er zu spät gekommen war, und damit auf den Kontext eines Verhörs oder einer Gerichtsverhandlung hinwies. Deshalb beginnt die Übertragungsanalyse mit dem Versuch, aus dem »Text« des Patienten die Deutungskontexte zu erschließen.

Dabei gehen wir nicht voraussetzungslos vor. Ähnlich wie im Fall der zahlreichen Vorannahmen, unter denen wir – wie beschrieben – Träume deuten können, verfügen wir aus der klinischen Theorie der Psychoanalyse über eine Typologie von Kontexten, in denen sich unsere Patientinnen und Patienten (und wir selbst auch) bewegen. Vor vielen Jahren hat Fritz Riemann in den »Grundformen der Angst« (1975) eine solche Typologie vorgelegt, die mit der lange Zeit sehr verbreiteten diagnostischen Unterscheidung in die Neurosestrukturen – schizoid, depressiv, zwanghaft und hysterisch – korrespondiert, später kam dann noch die narzisstische Struktur hinzu. Und wenn wir einen Patienten kennengelernt hatten, wussten wir auch um seine Vorannahmen, unter denen er seine sozialen Erfahrungen interpretierte. Bei einer zwanghaften Persönlichkeit rechneten wir also damit, dass der Patient in seinen Beziehungen dazu neigen könnte, Konflikte um Macht und Unterwerfung zu wittern oder auch zu inszenieren, und mit dieser Voreinstellung betrachteten wir dann auch, wie er die Beziehung zu uns gestaltete.

Die neuere empirische Forschung hat die Lehre von den Neurosestrukturen stark ausdifferenziert. Die Operationalisierte Psychodynamische Diagnostik (Arbeitskreis OPD, 2006) unterscheidet sieben Konflikttypen, die eine Persönlichkeit – auch in einer Mischung – prägen können:
1. Individuation versus Abhängigkeit,
2. Unterwerfung versus Kontrolle,
3. Versorgung versus Autarkie,
4. Selbstwertkonflikt,
5. Schuldkonflikt,
6. Ödipaler Konflikt,
7. Identitätskonflikt.

Je nach bevorzugtem Konflikttyp rechnet unser Patient damit, darum kämpfen zu müssen, die Kontrolle zu behalten (Konflikttyp 2), oder er befürchtet, gekränkt zu werden und sich vielleicht schämen zu müssen (Konflikttyp 4).

Die Analytikerin kündigt ihren Jahresurlaub an. Patientinnen und Patienten reagieren je nach »ihrem« Konflikttyp sehr unterschiedlich, beispielsweise
- im Konflikttyp 1 (Individuation versus Abhängigkeit) könnte der Patient kommentieren: »Macht nichts, da nehme ich mir was Schönes vor. Ich habe dann ja genug Zeit.«
- im Konflikttyp 2 (Unterwerfung versus Kontrolle): »Ja, Sie können das einfach diktieren, aber wenn ich mal wegbleibe, muss ich Ausfallhonorar zahlen!«
- im Konflikttyp 4 (Selbstwertkonflikt): »So gut möchte ich es auch mal haben!«

Die Lehren von den Konflikttypen oder den Neurosestrukturen gründen in der leicht zu belegenden Annahme, dass es sich um relativ stabile Charakterzüge handelt, die eine Persönlichkeit oft auch für Außenstehende gut sichtbar prägen. Sie sind auch mehr oder weniger veränderungsresistent, selbst dann, wenn der Patient um sie weiß. Andererseits laden diese Typologien die Analytikerin oder den Analytiker sehr dazu ein, eine einmal gefällte Diagnose wie ein Vorurteil immer wieder anzuwenden und den Patienten auf seine (vermeintliche) Struktur zu fixieren.

Eine Borderline-Patientin litt immer wieder unter einer kaum bezwingbaren Trennungsangst, die sich bei zahlreichen Gelegenheiten einstellte: vor Urlaubsunterbrechungen, bei der Frage nach einer Verlängerung und Fortsetzung der Therapie und auch dann, wenn es ihr gut ging und sie Angst hatte, ich könnte ihrer überdrüssig werden und sie wegschicken. Als sie einmal im Wartezimmer einer anderen, hübschen Patientin begegnete, argwöhnte sie, dass diese »bestimmt bessere Karten« bei mir habe. Ich deutete: »Ich glaube, angesichts meiner anderen Patientin vorhin sind Sie in Sorge geraten, dass ich diese viel anziehender finden könnte und darüber nachdächte, wie ich Sie loswerden könnte.«

Ich war mir in dieser Deutung recht sicher, denn im Allgemeinen verbirgt sich ja hinter der Eifersucht eine Verlustangst, und tatsächlich stimmte die Patientin auch zu. Aber später kamen mir doch Bedenken: Hatte ich übersehen, dass meine Patientin immer wieder einmal damit beschäftigt war, wie sie als Frau auf mich wirken könnte, und vielleicht wollte sie von mir wissen, ob sie für mich doch die Schönere sei?

Wenn wir also eine Äußerung einer Patientin oder eines Patienten zu deuten versuchen, drängt sich uns vielleicht der bisher dominierende Deutungskontext (in diesem Fall die dominierende Trennungsangst) auf, aber wir sollten probehalber auch andere Deutungskontexte (hier vielleicht die Frage: »Bin ich für Sie eine attraktive Frau?«) anlegen. Andernfalls wirken die Deutungskontexte (oder -vorannahmen) wie Schablonen, die nur dasjenige zum Vorschein bringen, mit dem wir immer schon gerechnet haben.

Hier schließt sich die Frage nach der *Macht der Beziehung* im Subjektmodell an. Hatten wir im ersten Modell mit Patienten gerechnet, die dem Analytiker die Rolle dessen, der »es weiß«, zuschrieben, müssen wir uns schon seit vielen Jahren auf Patienten einstellen, die nicht einfach akzeptieren wollen, dass sie sich in der Übertragung irren, sondern ihren Entwurf zur Geltung bringen und über ihn sprechen wollen. Und da wir in diesem Modell nicht mehr fragen, ob es zutrifft, was der Patient über uns denkt, suchen wir – am besten mit ihm gemeinsam – die Kontexte, in denen er sich mit seinen Äußerungen bewegt.

In dem schlichten Beispiel von dem Patienten, der die Stunde begann mit »Ich muss gestehen, ich bin zu spät«, denken wir an den Kontext »Verhör« und schlagen dem Patienten vor, seine Äußerung so zu verstehen. Dieser Vorschlag unterscheidet sich von einer Deutung im ersten psychoanalytischen Modell, er beansprucht nicht, dem

Patienten »die Wahrheit« über seine Äußerung mitzuteilen, sondern lädt – im günstigen Fall – dazu ein, dass wir uns über den Kontext verständigen, in dem jenes »Ich muss gestehen …« seinen Sinn erhalten soll. Der Patient kann unseren Einfall des »Verhörs« also zurückweisen und eine eigene Interpretation anbringen.

An dieser Stelle liegt es an uns, wie weit wir die Macht der Beziehung ausspielen: Wenn unser Patient zum Beispiel darauf besteht, dass er den Kontext »Verhör« nicht anlegen will, könnten wir behaupten, dass es schon sein kann, dass er das jetzt glaubt, wir aber wüssten, dass er »eigentlich« (gemeint ist: unbewusst) doch ein Verhör im Sinn hat, schließlich kennen wir ihn ja besser, als er sich selbst kennt. War es schon im ersten Modell der psychoanalytischen Methode, dem Aufklärungsmodell, sehr verführerisch, als Analytiker die Macht dessen, der weiß, was der Patient noch nicht weiß, auszuspielen, könnte die Macht der Beziehung im Subjektmodell noch autoritärer gefasst werden, nämlich als »Ich weiß, was du *eigentlich* meinst«. Und da ein Patient einer solchen Behauptung nicht gut widersprechen kann, sollte der Psychoanalytiker in diesem Modell besonders selbstkritisch seine eigenen Vorannahmen überprüfen. Zwar sind die Patientinnen und Patienten, die dem Analytiker die Autorität zuschreiben, »es zu wissen«, heute seltener geworden, aber es bleibt doch die Aufgabe des Analytikers, seine Macht über die Bedeutungen zu begrenzen.

Wie erreichen wir Veränderung in diesem subjekthaften Modell? Im ersten Modell, das sich dem Aufklären und Bewusstmachen widmete, erklärten wir dem Patienten, dass er sich in uns irre. Nunmehr soll er verstehen, wie er seine soziale Welt interpretiert, in welchen Deutungskontexten er sich also bewegt. In diesem Fall können wir kaum mit einem »Aha-Erlebnis« rechnen, wie Freud das noch im Fall der »Katharina« beschrieben hatte. Sondern wir versuchen eine schrittweise Veränderung; die sah im Fall des Patienten, der »gestehen« musste, so aus:

Patient zu Beginn: »Ich muss gestehen, ich bin zu spät.« Der Analytiker stellt sich den Kontext »polizeiliche Vernehmung« oder »Gerichtsverhandlung« vor und sagt: »Das klingt nach Verhör.« Der Patient antwortet spontan: »Ist ja auch so.«

Der Analytiker ist nicht überrascht, dass sein Patient die analytische Situation wieder einmal wie ein polizeiliches Verhör, wie eine Fahndung nach Geständnissen, erlebt. Das war in der Therapie schon mehrfach ein Thema gewesen, und der Patient hatte eigentlich auch schon verstanden, dass er sein eigenes, überaus strenges Über-Ich auf seinen Analytiker projizierte, auch, um sich dort gegen sein Über-Ich zur Wehr zu setzen.

Daher sagte der Analytiker: »Dabei sind Sie doch schon selbst Ihr größter Kritiker. Brauchen Sie mich denn auch noch als Ankläger?«

Patient: »Ich traue mich nicht, zu glauben, dass Sie es gut mit mir meinen.«

Analytiker: »Ich glaube, Sie trauen sich nicht, dass Sie es gut mit sich meinen«, und der Patient stimmte nach einigem Zögern zu.

Mit dieser Beziehungsepisode änderte sich die Übertragungssituation. Der Patient verminderte seine Versuche, seinen Analytiker als externalisiertes sadistisches Über-Ich zu verwenden, und verhandelte mit sich selbst, ob er nicht etwas »gnädiger« zu sich sein könnte. Der Dialog über den Text (»Sie sind doch schon selbst Ihr größter Kritiker«) veränderte den Kontext (»Verhör«), das ist die sprachwissenschaftliche Beschreibung des Vorgangs. In psychoanalytischer Perspektive könnte man sagen: Der Patient hat seinen inneren Konflikt (»Ich bin im Zweifel, ob ich mir erlauben kann, freundlicher zu mir zu sein«) in der Auseinandersetzung mit seinem Analytiker schrittweise durchgearbeitet. Oder in soziologischer Perspektive: Der Patient suchte eine neue Antwort auf die Frage »Was ist hier eigentlich los?« (Goffman).

In einer geisteswissenschaftlichen Perspektive können wir das gemeinsame, dialogische Pendeln zwischen Texten und Kontexten als »Hermeneutischen Zirkel« bezeichnen: Der Kontext (»Verhör«) bestimmt, wie der Text (»ich muss gestehen«) verstanden werden soll. Veränderungsschritte lassen sich dann als ein Pendeln zwischen Text und Kontext beschreiben. Wenn wir uns – in unserem Beispiel – also darauf verständigen, dass der Text (»gestehen«) wie zu sich selbst, zu einem sadistischen Über-Ich, gesprochen ist, ändert sich der Kontext der Situation unmittelbar, und es ist zu erwarten, dass innerhalb des geänderten Kontextes (vielleicht: »Sie meinen es möglicherweise gut mit mir«) die nächsten Texte anders ausfallen werden.

Diese Veränderungsbewegungen, die sich als eine Pendelbewegung zwischen Text und Kontext im Hermeneutischen Zirkel beschreiben lassen, werden zweifellos nicht allein auf der Ebene der Sprache angestoßen, so etwa, wie wenn man in einem Kreuzworträtsel nur das richtige Wort finden müsste, sondern der Patient muss innerhalb der therapeutischen Beziehung das Vertrauen wagen, dass es der Analytiker »möglicherweise doch gut mit mir meint«. Und dieses Vertrauen entsteht nicht durch eine einzelne kunstvolle Deutung, sondern in einer ermutigenden Beziehungserfahrung.

## 3.2 Das Selbstverständnis der Psychoanalytiker im Subjektmodell

Das zweite in diesem Buch vorgestellte Behandlungsmodell der Psychoanalyse, das den Patienten als *interpretierendes Subjekt* anerkennt, erzwang eine Veränderung des Verhältnisses von »Kunst der Deutung« und »Macht der Beziehung«. Der Analytiker, die Analytikerin war jetzt nicht mehr die Autorität, die »es weiß«, was der Patient noch einsehen soll, sondern ein Gegenüber, mit dem man sich über die Bedeutung von Erinnerungen, von Symptomen und von Eindrücken hier und in der Beziehung verständigen kann.

In diesem *subjekthaften* Modell der psychoanalytischen Methode besteht die Kunst der Deutung darin, auf die vielen Deutungskontexte zurückgreifen zu können, die uns zur Verfügung stehen, und uns mit unserer Patientin oder unserem Patienten darüber zu verständigen, wie wir ein Detail vor diesen Horizonten verstehen wollen.

Und die Macht der Beziehung? Da wir nicht mehr derjenige sind, der »es weiß«, und nicht sicher sein können, was der Patient mit einem Einfall oder einem Traumgedanken »wirklich« meint, käme es darauf an, ihm zuzuhören und uns mit ihm zu verständigen. Diese Aufgabe wird besonders dann schwierig und folgenreich, wenn wir uns mit unserem Patienten über unsere Beziehung verständigen wollen, also darüber, »was hier eigentlich los ist« (Goffman). Aber auf dieser Bühne ermöglichen wir die Veränderungen.

Ob den Psychoanalytikern der Wechsel von dem, der »es weiß«, zu dem, der sich über Bedeutungen verständigen muss, gelungen ist, hängt wohl davon ab, wie weit sie auf die Autorität verzichten können, die ihnen – auch heute noch – von vielen Patienten angetragen wird. Dabei ist die Machtfülle, die der Analytiker, die Analytikerin in Anspruch nehmen könnte, im Subjektmodell noch viel größer als im ersten Aufklärungsmodell: Dort ging es um die Wahrheit, die der Patient vor sich verbirgt, aber jetzt sprechen wir mit ihm darüber, was er mit seinen Einfällen oder Träumen »eigentlich« meint. Es ist sehr verführerisch, eine sehr asymmetrische, »paternale« Beziehung, die auch im Subjektmodell der psychoanalytischen Methode noch fortbesteht, zu nutzen und den Patienten zu verunsichern, wenn er sich unseren Deutungsvorschlägen nicht anschließen will.

In den Institutionen der psychoanalytischen Ausbildung und deren Didaktik ist der Rückzug von der Position dessen, der »es weiß«, noch nicht gut zu erkennen. Das gilt vor allem dann, wenn sich ein Ausbildungsinstitut zu einer bestimmten psychoanalytischen »Schule«, zum Beispiel der Kleinianischen, bekennt und von ihren Kandidaten verlangt, dass sie die dort gepflegte Sprache sprechen. Dabei sind diese schulengebundenen Sprachspiele doch auch nur Deutungskontexte, die den Hintergrund für Interpretationen abgeben; sie können selbst aber nicht »falsch« oder »richtig« sein. Höchstens kann es darum gehen, ob sich ein bestimmtes Sprachspiel zur Interpretation eines zu diskutierenden klinischen Phänomens eignet oder nicht. Wie man die Deutungshoheit im Subjektmodell ausnutzen kann, zeigt ein Beispiel aus einer Prüfung an einem psychoanalytischen Institut:

Die Kandidatin trug einen Fall vor und berichtete von einem Traum, den ihr ihre Patientin berichtet hatte. Er handelte von einem Eisbären auf einer Scholle. Die Kandidatin erzählte, sie habe das Bild von einem einsamen Bären vor sich gesehen, der allein auf der Eisscholle dahintreibt, in eine ungewisse Zukunft, und sie deutete das Traumbild als Schilderung der Einsamkeit, in der sich ihre Patienten gegenwärtig befinde.

Der Prüfer widersprach: »Ich glaube, die Patientin meinte mit dem Bild vom Eisbären etwas ganz anderes.« Die Kandidatin schwieg, sie errötete leicht und schaute schuldbewusst. Hätte sie sich in einem Alltagsdialog befunden, hätte sie vielleicht zurückgefragt: »Ja, was meinen Sie denn?« Aber in dieser offenbar sehr asymmetrischen Prüfungssituation war das offenbar nicht möglich. Und es blieb bis zum Schluss der Prüfung das Geheimnis des Prüfers, welche Deutung er für die »richtige« hielt.

Dass Psychoanalytiker auf den Anspruch, »es zu wissen«, mehr und mehr verzichten werden, dürfen wir wohl erwarten – nicht unbedingt deswegen, weil sie eingesehen haben, dass es im Subjektmodell nicht mehr auf die Wahrheit, sondern auf die Verständigung ankommt, sondern weil Patienten immer weniger bereit sind und nicht mehr bereit sein werden, ihrem Analytiker die paternale Rolle zuzuschreiben. Damit ergeht es dem Psychoanalytiker nicht anders als anderen Vertretern »postmoderner« Professionen wie Juristen und insbesondere Ärzten (Thom u. Ochs, 2013): Das fachliche Ansehen und die Zuschreibung moralischer Integrität dieser Berufe sind bei vielen Menschen in der Bevölkerung deutlich gesunken. Viele Patienten holen in wichtigen gesundheitlichen Fragen eine »zweite Meinung« ein, weil sie nicht einfach glauben, dass ihr Arzt wirklich kompetent ist, und insbesondere Zweifel haben, ob die Maßnahmen, die er vorschlägt, wirklich nur ihrer Gesundheit, sondern vor allem den Einnahmen der ärztlichen Praxis dienen sollen.

Möglicherweise sind Psychotherapeuten von diesem Autoritätsverlust noch stärker betroffen als andere Professionen. Zwar haben sie über viele Jahre davon profitiert, dass sie ihre Profession im Kielwasser der Medizin (Thom, 2011) rasch entwickeln konnten, aber mit dem Erlass des Psychotherapeutengesetzes wurden sie freigesetzt und müssen nun selbst versuchen, in der Öffentlichkeit ihre fachliche Autorität glaubhaft zu machen. Diese Aufgabe ist für psychodynamische Psychotherapeuten gewiss schwieriger, weil ihre Ziele weniger leicht zu vermitteln sind und ihre Methoden verrätselt erscheinen. Auch in dieser Hinsicht haben es die Verhaltenstherapeuten leichter.

Zu den Merkmalen der Postmoderne gehört ja auch, dass das Vertrauen in die Erklärungsprinzipien der klassischen Moderne geschwunden ist, nämlich die Erwartung, dass das aufklärerische Prinzip der Vernunft die gesellschaftlichen und individuellen Probleme zu lösen imstande wäre. Das einzelne Subjekt glaubt nicht mehr daran, dass rationale Einsicht und die Erforschung seines Unbewussten seine Probleme lösen könnten. Auch darum ist der Patient in der Psychotherapie skeptisch gegenüber den quasikausalen Erklärungen seines Analytikers. Es geht ihm nicht mehr um wahr oder falsch, sondern um Bedeutungen, über die man sich verständigen muss.

Der gesellschaftskritische Einfluss der Psychoanalyse ließ in den 1970er und 1980er Jahren erheblich nach. Positiv gedacht, kann man behaupten, die Psychoanalyse habe die bürgerliche Gesellschaft entzaubert, sie sei also erfolgreich gewesen und habe somit ihre politische Aufgabe verloren. Seit dem Ende 1970er Jahre befassten sich die Psychoanalytiker und Psychoanalytikerinnen in der Bundesrepublik nur noch wenig mit politischen und gesellschaftskritischen Themen und traten den Rückzug an in behandlungstechnische Fragen (Thom, 2011, S. 35).

# 4 Die dritte Generation der Patienten: Das intersubjektive Modell

Mitte des vorigen Jahrhunderts änderten sich die psychoanalytischen Konzepte von der Übertragung, der Gegenübertragung und der Abstinenz. 1949 hielt Paula Heimann auf dem 16. Kongress der Internationalen Psychoanalytischen Vereinigung einen Vortrag »Zur Gegenübertragung«, der viel Aufmerksamkeit, aber auch heftige Kritik[11] hervorrief. Heimann hatte sich gegen die bis dahin gängige Abstinenzregel gewendet, die sich an Freuds missverständlichen Metaphern von der Chirurgen- und der Spiegelhaltung des Analytikers orientierte, und warb dafür, die Gegenübertragung nicht mehr als unvermeidlichen »Störfaktor« (Heimann, 2016, S. 116) zu betrachten, sondern als »Schlüssel zum Unbewussten des Patienten« ernst zu nehmen. Offenkundig hatte sie auch Mitleid mit den Patienten, die unter »gefühllosen« und »distanzierten« Analytikern litten.[12] Die Gegenübertragung sei nicht nur ein »integraler Bestandteil der analytischen Beziehung«, sondern »eine *Schöpfung* des Patienten« (S. 116, Hervorh. P. Heimann).

Mit ihren Beiträgen leitete Paula Heimann eine Entwicklung ein, die sich abwandte von der unidirektionalen Betrachtungsweise psychoanalytischer Situationen und in die relationale (Mitchell u. Greenberg, 1983) und intersubjektive Psychoanalyse (Stolorow, Brandchaft u. Atwood, 1996; Ermann, 2014) mündete. Diese Entwicklung

---

11 Insbesondere von dem damaligen Vorsitzenden der IPA, Ernest Jones.
12 Es waren vor allem Frauen, die sich gegen eine distanzierte und abweisende Abstinenzregel wandten: Neben Paula Heimann waren es Alice Balint, Helene Deutsch, Therese Benedek, Margret Little, Annie Reich und Clara Thompson (Körner, 2013).

speiste sich aus unterschiedlichen Quellen (Schultz-Venrath, 2014): der phänomenologischen Philosophie (Husserl), Martin Bubers Begriffen der »Gegenseitigkeit« und der »Ich-Du-Beziehung« sowie aus dem Feld der nordamerikanischen interpersonalen Psychiatrie/Psychotherapie mit Harry Stack Sullivans viel beachteten Vorschlägen von 1953.

Diese Konzepte erwiesen sich als sehr einflussreich; zweifellos spiegeln sie den »Zeitgeist« um die Mitte des vorigen Jahrhunderts, der allerdings zuerst die Patienten erfasst hatte. Schon die Fallgeschichten von Paula Heimann handeln von Patienten, die der Analytikerin, dem Analytiker nicht mehr ohne Weiteres die Deutungshoheit überließen, sondern eine Antwort auf ihre Beziehungsentwürfe erhofften. Und diese neuen Patientinnen und Patienten waren in kleinen Schritten schließlich sehr erfolgreich, das zeigen die Fallbeispiele von Stolorow et al. (1996) und Stern (2005, 2012).

## 4.1 Klinische Theorie und therapeutische Methode im intersubjektiven Modell

Die so angestoßenen Veränderungen in der psychoanalytischen Methodik zeigen sich sehr deutlich in der Entwicklung der Konzepte von der Übertragung und der Abstinenz. Die Patienten in der Frühzeit der Psychoanalyse akzeptierten den sehr zurückhaltenden Analytiker, der ihnen erklärte, wie sie sich in der Übertragung irrten und wie dieser Irrtum vor dem Hintergrund ihrer frühen sozialen Erfahrungen zu erklären sei. Die nächsten Generationen psychoanalytischer Patienten waren schon selbstbewusster: Sie wollten in ihren subjekthaften Übertragungsentwürfen ernst genommen werden und suchten die Verständigung darüber mit ihrem Analytiker. Die Patientinnen und Patienten im neuen, intersubjektiven Modell erwarten eine persönliche Antwort auf ihren Übertragungsentwurf – nicht nur als Erklärung (»Sie meinen eigentlich Ihren Vater«) und auch nicht nur als Deutung (»Sie fühlen sich hier wie in einem Verhör«), sondern als emotionale Resonanz.

Nach den Konzepten »Übertragung als Irrtum« und »Übertragung als subjekthafter Entwurf« kann man heute von der »Übertragung als Verwendung« (Körner, 2018) sprechen. Damit ist gemeint, dass es der Patient nicht dabei belässt, seinem Analytiker projektiv Eigenschaften anzuheften, sondern er geht diesen Projektionen gleichsam hinterher und möchte erfahren, was sie im Analytiker bewirken: Wehrt der sich gegen diese Zuschreibungen und wie beantwortet er sie?

Eine junge Kollegin berichtete in der Supervisionsgruppe von einer Patientin, die alle ihre Deutungsvorschläge zunichtemachte. Dabei gab sie sich mit ihrer Patientin sehr viel Mühe, las einschlägige Literatur, überlegte sich immer neue Interventionsmöglichkeiten, musste aber immer wieder erleben, dass die Patientin ihr rückmeldete, dass »es wieder nichts gebracht« habe. Sie war ratlos, aber die Gruppe ermutigte sie, diese Ratlosigkeit zu akzeptieren und vielleicht sogar vor der Patientin einzugestehen. Also sagte sie nach dem nächsten Misserfolg einer Intervention: »Ich glaube, jetzt sind wir beide ganz ratlos.« Die Patienten sagte: »Ja.« Das war die erste Zustimmung nach einer langen Zeit der Analyse, und die Situation zwischen beiden entspannte sich erkennbar.

Vielleicht kam es der Patientin darauf an, sich gegenüber der sehr klugen und überlegt sprechenden Analytikerin nicht so klein und ohnmächtig zu fühlen. Dann läge die »Verwendung« in der Übertragung in dem nicht bewussten Anliegen der Patientin: »Ich fühle mich in deiner Gegenwart immer so dumm und hilflos. Hilf mir, dass ich aus dieser schlimmen Lage herausfinde.«

König prägte schon 1982 den Begriff des »interaktionellen Anteils der Übertragung«. Damit meinte er sehr Ähnliches, wie im Konzept »Übertragung als Verwendung« beschrieben: Der Patient möchte mit seiner Übertragung etwas bewirken. In einem einfachen Fall möchte er vielleicht nur bewundert werden und breitet sich mit seinen Fähigkeiten und Leistungen aus. Komplizierter wird es, wenn dem Übertragungsentwurf ein innerer Konflikt zugrunde liegt. Wenn zum Beispiel ein Patient zwar gemocht werden möchte, aber große Angst hat, doch weggeschickt zu werden, kann er versuchen, seinen Analytiker auf die Probe zu stellen, und sich so provokant verhalten, dass dieser tatsächlich mit dem Impuls zu ringen hat, seinen Patienten wegzuschicken.

In solch einem Fall läge die Kunst einer Deutung darin, den Patienten auf die Verwendung aufmerksam zu machen, also etwa zu sagen: »Sie sind überzeugt davon, dass ich Sie wegschicken will. Deswegen verhalten Sie sich so provokant.« Wahrscheinlich wäre diese Deutung richtig. Aber wäre sie auch schon erfolgreich? Vielleicht noch nicht. Unter welchen Voraussetzungen sind Übertragungsdeutungen im intersubjektiven Konzept denn überhaupt wirksam?

Zerlegen wir den Ablauf einer solchen Szene in einzelne Schritte. Es beginnt damit, dass der Patient sich auffällig provokant verhält. Der Analytiker erkennt das, spürt auch vielleicht einen eigenen ärgerlichen Affekt. Das heißt, er weist die ihm zugedachte Rolle nicht ab, sondern ist bereit zur »Rollenübernahme« (Sandler, 1976). Das ist durchaus nicht selbstverständlich. Nicht wenige analytische Psychotherapien scheitern daran, dass sich der Analytiker weigert, die ihm angebotene Rolle zu übernehmen. Die oben beschriebene Rolle der Hilflosigkeit ist unter Analytikern sehr unbeliebt, und die Kollegin im Beispiel versuchte ja zunächst sehr angestrengt, diese Rolle abzuweisen. Auch ärgern wir uns nicht gern über unsere Patienten und neigen dazu, Wutaffekte abzuwehren, vielleicht sogar mithilfe einer Reaktionsbildung (»Sie können mich nicht ärgern, Sie doch nicht!«).

Natürlich wollen wir unsere Patientinnen und Patienten auch nicht wegschicken, vor allem dann nicht, wenn wir spüren, dass wir nur auf die Probe gestellt werden sollen. Aber diese Probe kann sehr hart ausfallen.

Eine Patientin war von einer kaum beherrschbaren Verlassenheitsangst geprägt. Immer wieder versuchte sie, in meinem Verhalten Anzeichen zu entdecken, dass ich ihrer längst überdrüssig wäre. Mal hielt sie mir vor, ich hätte mit der Betätigung des elektrischen Türöffners länger als sonst gewartet, mal glaubte sie, in meiner Mimik bei der Begrüßung Langeweile oder sogar Abscheu entdeckt zu haben. Ich fühlte mich hilflos und genervt.

Als sie wieder einmal eine Stunde mit Vorhaltungen begann, sagte ich ihr: »Sie machen es mir heute schwer, Sie zu mögen.« Sie meinte: »Also sind Sie genervt von mir.« Ich antwortete: »Natürlich können Sie mich nerven! Dabei wollen Sie doch nur herausfinden, ob ich Sie wegschicken will.«

Diese Intervention beruhigte die Patientin. Wie sich dann im weiteren Verlauf zeigte, war es weniger die eigentliche Deutung (»Sie wollen nur herausfinden, ob ich sie wegschicken will«), die wirksam war, sondern das Eingeständnis: »Natürlich können Sie mich nerven«, und gewiss auch die Mitteilung, dass sie es mir heute schwer mache, sie zu mögen.

Was ermöglichte den therapeutischen Fortschritt in den beiden zuletzt beschriebenen Fällen? Es war weniger eine Deutungskunst, welche die Veränderung hervorrief, sondern eher die persönliche Antwort in der therapeutischen Beziehung. Aber was war da geschehen? Offenbar genügte es nicht, eine vielleicht ratlos oder ärgerlich machende Übertragung auszuhalten, die so angebotene Rolle also zu übernehmen und ihr nicht zu widersprechen. Es genügte auch nicht, der Patientin korrekt zu spiegeln, wie sie mit uns umgeht – und schon gar nicht, diesen Umgang als Wiederholung früherer Erfahrungen zu entwerten.

Vermutlich ist es so: Es muss zwischen Patient und Analytiker etwas Neues entstehen, und dieses Neue muss vom Analytiker ausgehen. Wolfgang Loch prägte den Begriff der »Vorleistung« des Analytikers (1965, S. 21), der die inneren Konflikte seines Patienten, die dieser in seiner Übertragung inszeniert, stellvertretend für ihn durcharbeiten muss, bevor er dem Patienten eine Lösung anbieten kann. Ermann (1987) spricht von einem »inneren Integrationsprozess«, womit gemeint ist, dass wir innere Konflikte, die unsere Patienten nicht bewältigen können, sondern uns zu einem Teil in der Übertragung übergeben, zusammenfügen, also integrieren müssen.

Um zu erläutern, was mit der Übertragung eines Konflikts gemeint ist, gebe ich ein Alltagsbeispiel, nämlich das Phänomen des Fishing for Compliments. Wenn wir die zwei Seiten eines narzisstischen Konflikts, nämlich einerseits ein »Ich bin großartig« und andererseits »Ich bin nichtswürdig« im bewussten Erleben nicht zusammenbringen können, also voneinander getrennt halten müssen, können wir zum Beispiel im Gespräch mit Freunden uns selbst demonstrativ herabsetzen und hoffen, dass die Zuhörer heftig widersprechen. Dann haben wir die zwei Seiten, die wir nicht integrieren können, zwischen uns und den Freunden erscheinen lassen – sofern die mitspielen und die ihnen zugewiesene Rolle auch übernehmen. Das wäre im Alltag eine Übertragung als Verwendung, die unter wechselnden thematischen Konflikten sicher sehr häufig vorkommt.

Ein homosexueller Patient, der mir gegenübersaß, argwöhnte immer wieder einmal, dass ich ihn ablehnte und nur danach trachtete, ihn »umzudrehen«. »Heute«, erzählte er eines Tages, »habe ich ja von einer hübschen Frau erzählt, die ich getroffen hatte, und ich sah, wie Ihre Augen aufleuchteten und Sie dachten, bald hätten Sie mich so weit.« Mein erster Einfall war, ihm zu widersprechen und etwa zu sagen: »Nein, ich habe doch nichts gegen Homosexuelle.« Dann fiel mir ein, dass ich auch Zweifel an seiner Homosexualität hatte, schließlich hatte er Kinder und auch eine Freundin, und sagte: »Ach, das werde ich wohl nicht schaffen, und das ist auch gut so.« Er lachte und berichtete in der Folgezeit, wie ambivalent er gegenüber seiner Homosexualität war: »Einerseits habe ich Angst, Sie wollen mich bloß ›rumdrehen‹, andererseits wünsche ich mir manchmal, dass Sie nur mit dem Finger schnippen und ich bin nicht mehr homosexuell. Aber das geht natürlich nicht.« Ich war überrascht über diese Wendung und vermutete, dass ich die Ambivalenz, über die der Patient noch nie gesprochen hatte, gespürt und mit meiner Deutung zum Ausdruck gebracht hatte.

In dem soeben erzählten Beispiel wäre auch eine Deutung wie »Ich glaube, Sie sind sehr zwiespältig: Einerseits möchten Sie in Ihrer

Homosexualität anerkannt werden, anderseits wünschen Sie sich von mir, ›umgedreht‹ zu werden«, denkbar gewesen. Damit hätte ich mich in der Situation sicherer gefühlt. Ich hätte mehr Abstand gehalten, mich aber weniger persönlich gezeigt.

Und die Macht der Beziehung im *intersubjektiven* Modell? Sie ist nicht mehr gut zu erkennen. Die Vorstellung der Intersubjektivisten vom »bipersonalen Feld« (Ermann) der analytisch-therapeutischen Beziehung schließt die Idee ein, dass der Analytiker nicht mehr der außenstehende oder sogar überlegene Beobachter ist, der »es weiß« oder schon die »wahre« Bedeutung der Einfälle des Patienten kennt. Obgleich die Aufgabenverteilung in der analytischen Dyade asymmetrisch ist und obgleich der Analytiker aufgrund seiner Ausbildung, insbesondere seiner Selbsterfahrung, den Prozess der Verständigung in der analytischen Therapie steuert, begegnen sich die beiden Beteiligten mit ihren Beiträgen auf Augenhöhe zueinander. Gemeinsam entwickeln sie die Beziehung als »Ko-Konstruktion« und verhandeln immer wieder aufs Neue über sie.

Vermutlich sind intensive Übertragungen häufig als Versuch des Patienten zu verstehen, einen inneren Konflikt dadurch zu entschärfen, dass er einen Teil von ihm projektiv dem Analytiker zuschreibt, und so zwar in Erscheinung zu bringen, aber doch auseinanderzuhalten, was zusammen nicht ertragen werden kann. Man kann diese Verwendung unter dem Abwehraspekt betrachten, also vor allem feststellen, dass der Patient die beiden widersprüchlichen Seiten eines inneren Konflikts vor sich selbst verbirgt, indem er eine Seite in der Übertragung externalisiert. In der therapeutischen Situation jedoch erkennen wir vielleicht die Chance, den inneren Konflikt des Patienten, den er zwischen uns inszeniert hat, sichtbar und überwindbar werden zu lassen. Und möglicherweise sollen diese Inszenierungen ja sogar über den Psychotherapeuten zur Sprache bringen, was dem Patienten unvereinbar erscheint. Ein Beispiel (Körner, 2014):

Ein etwas narzisstischer Patient, der für gewöhnlich sehr unterhaltsam, einfallsreich und auch witzig sprach, sagte eines Tages unvermittelt:

»Ich glaube, ich bin heute wohl ziemlich langweilig.« Tatsächlich war mir aufgefallen, dass er heute über Belangloses, Banalitäten, sprach, er hatte also recht. Spontan hätte ich ihm gern widersprochen und so etwas gesagt wie: »Nein, alles, was Sie hier sagen, ist doch wichtig.« Ich zögerte, ihm mit »Ja« zu antworten, weil ich fürchtete, das könnte ihn sehr kränken. Ich überwand aber diesen kleinen Angstaffekt und sagte: »Ja.«

Der Patient stutzte und überlegte wohl, ob er beleidigt sein sollte. Dann aber lachte er laut los und sagte sinngemäß: »Das kann so schön sein, wenn man mittelmäßig sein darf.« Später erzählte er mir, dass er nach der Stunde in eine kleine Bierkneipe gegangen sei, um mit den Männern an der Theke über Alltägliches »zu quatschen«, das habe er sehr genossen.

Ich habe die Szene mit meinem Patienten erst nachträglich verstanden. Ich vermute, dass er mit einem Zwiespalt zu mir kam: Einerseits verlangte er von sich, immer klug und einfallsreich zu sprechen, andererseits drückte ihn die Last dieser hohen Erwartungen an sich selbst. Er kam also schon mit dem unbewussten Wunsch, diesen inneren Konflikt zu lösen, und versuchte, mich hierzu zu verwenden.

Vermutlich wäre eine Deutung wie »Einerseits möchten Sie immer klug und unterhaltsam sein, andererseits möchten Sie sich von diesem hohen Anspruch befreien« zwar richtig gewesen, aber sie hätte wohl wenig genützt. Wichtig war wohl meine Vorleistung, nämlich meine Angst, ein Ja könnte ihn (wie mich an seiner Stelle) kränken, zu überwinden.

Kann man in solchen Fällen von der »Macht der Beziehung« sprechen? Vielleicht nicht. Eher von der Bereitschaft, sich in der Übertragung verwenden zu lassen und zu versuchen, zusammenzusetzen, was der Patient oder die Patientin bislang getrennt halten muss. Dadurch kann Neues entstehen.

## 4.2 Das Selbstverständnis der Psychoanalytiker im intersubjektiven Modell

Die Wurzeln des intersubjektiven Modells reichen weit in das vorige Jahrhundert zurück: Mitchell und Greenberg (1983) sowie Stolorow et al. (1996). Dass dieses Modell von vielen Analytikerinnen und Analytikern aufgegriffen wurde, ist gewiss auch den Autoren zu verdanken, die uns die Ergebnisse der modernen Säuglings- und Bindungsforschung (Stern, 1985; Dornes, 2000) nahegebracht haben. Wir wissen heute, dass wir uns in einer Matrix von Beziehungen entwickeln. Wir brauchen den Anderen von Anfang an. Wir entdecken die äußere Welt erst durch die Psyche anderer (Schultz-Venrath, 2014, S. 454), und auch das reflexive Bewusstsein, auf das wir so stolz sind und das den Kern unserer Identität auszumachen scheint, entwickeln wir doch nur über die Anwesenheit und die Antworten der Anderen. Dieser Entwicklungsprozess ist niemals abgeschlossen. Deshalb brauchen auch unsere Patienten unsere Präsenz als persönliches und wahrhaftig antwortendes Gegenüber.

Das intersubjektive Modell ist noch umstritten. Denn viele Sicherheit vermittelnde Konzepte werden aufgegeben. Freuds Idee von der autonomen Persönlichkeit mit einer persistierenden Struktur, die doch erst eine Kontinuität des Selbsterlebens ermögliche und auf die hin sich die Deutungen des Analytikers ausrichten, wird ersetzt durch ein »reflexives, kontextabhängiges, in ständiger Veränderung befindliches Selbst« (Ermann, 2014, S. 80). Und die Abstinenzregel, die erst die Beobachterposition des Analytikers ermöglichte, weil sie ihm verbot, sich persönlich zu äußern? Sie weicht der Aufforderung zu selektiver Selbstenthüllung, aber unsicher wird, wie weit diese »Self Disclosure« denn gehen dürfe. Das wirft für viele die Frage auf: Ist das dann noch Psychoanalyse?

Dass diese »intersubjektive Wende« (Ermann, 2014) überhaupt möglich wurde, verdanken wir einerseits den hier schon genannten Autoren. Andererseits waren es wohl wieder die Patientinnen und Patienten, die in den letzten zwanzig, dreißig Jahren mit ihrer Rolle in der analytischen Therapie nicht mehr zufrieden waren. Aber was fehlte ihnen? Dass sie die paternalen Erklärungen über ihr Unbewusstes nicht mehr wollten, liegt auf der Hand, aber auch die therapeutischen Gespräche über die wechselseitigen Beziehungsentwürfe genügten ihnen nicht mehr.

Warum? Weil diese Diskurse für sie »in der Luft zu hängen« schienen, sie bewegten sich in einem »fiktionalen Raum«, und es konnte zwar lustvoll sein, diesen Raum – die Beziehung in der therapeutischen Situation – immer wieder neu auszugestalten. Aber vielleicht ist diese Freiheit der Gestaltung von Beziehungen – und damit auch des eigenen Selbst – vor vierzig oder fünfzig Jahren noch attraktiv gewesen, als so viele Einschränkungen sich auflösten: wie man ein gutes Leben zu führen hatte, wie man seine Beziehungen gestalten sollte und wie man seine eigene Rolle entwarf. Angesichts der Enge der politischen Kultur um die Mitte des vorigen Jahrhunderts mag das als Befreiung erlebt worden sein, aber heute?

Wir leben heute in einem Informationszeitalter, und schon jeder Jugendliche findet scheinbar unbegrenzte Möglichkeiten vor, sich und sein soziales Leben zu entwerfen. Dazu haben – und brauchen – die jungen Menschen mehr Zeit als früher, denn die Adoleszenzentwicklung beginnt heute früher und die Erwachsenenidentität wird erst später erreicht, »sodass die Kindheit kürzer, die Adoleszenz länger wird« (Rudolf, 2016, S. 25). Deshalb ist die Entwicklung der Identität heute ein zentrales Therapieziel der analytischen Jugendlichenpsychotherapie (Seiffge-Krenke, 2012).

Die Offenheit in der Gestaltung der sozialen Rolle, der beruflichen Laufbahn bis hin zur Gestaltung der eigenen Geschlechtsidentität hätte einen jungen Menschen um 1968 herum wahrscheinlich fasziniert, aber heute löst sie vielleicht nur Ratlosigkeit und das Gefühl der Überforderung aus. Und sie lässt die Frage nach der eigenen Identität aufkommen, die Suche nach Orientierungen, wenn doch die Erwartungen weitgehend weggefallen sind, wie »man« zu sein hat.

So ist es zu verstehen, dass die Suche nach der Identität für viele Patientinnen und Patienten der Gegenwart das zentrale Anliegen darstellt (Bohleber, 2014). Es ist nicht mehr ihr Wunsch, die pathologischen Folgen einer repressiven Sexualmoral zu überwinden, auch nicht mehr ihr Anliegen, die Freiheiten des Selbstentwurfs zu genießen, sondern das Bedürfnis, aus der »kulturell adaptiven Identitätsdiffusion« (Bohleber, 2014, S. 413) herauszufinden. Bei dieser Suche brauchen die Patienten den bedeutsamen Anderen, »möglicherweise auch den Therapeuten«, und zwar weniger als denjenigen, der sich als ihr Vorbild ausgibt, als einen, der persönlich antwortet, der »sich in seiner Identität zeigt und Stellung bezieht« (Seiffge-Krenke, 2012, S. 39). Ihre Bitte wäre vielleicht so zu verstehen: »Bitte gib mir eine wahrhaftige Antwort, damit ich mich selbst finden kann. Ich kann mich in diesem ›Alles ist möglich‹ nicht orientieren.«

Psychoanalytiker haben auf die Anliegen ihrer Patienten jeweils eine Antwort gefunden: Den Patienten der ersten Generation haben sie geholfen, indem sie ihnen gezeigt haben, wie sie ängstigende Erinnerungen und unbewusste Phantasien vor sich selbst verbargen. Das war die – eigentlich gar nicht beabsichtigte – Kritik an der repressiven Sexualmoral des Viktorianischen Zeitalters. Die zweite Generation haben sie dadurch ermutigt, dass sie mit ihnen über ihre wechselseitigen Rollenentwürfe und Beziehungserwartungen verhandelt haben. Das war und ist die Kritik an der klassischen Moderne. Der dritten Generation von Patientinnen und Patienten können wir dadurch helfen, dass wir uns mit unserer persönlichen Antwort zur Verfügung stellen auf der Suche nach ihrer Identität.

Wie erfolgreich das intersubjektive Modell sein wird und wie es sich auf das Selbstverständnis der Analytiker und auf die Institutionen der psychoanalytischen Ausbildung auswirken wird, ist noch nicht abzusehen. Zweifellos werden sich die Methoden der psychoanalytischen Ausbildung ändern. In der Didaktik der Vermittlung psychoanalytischer Kompetenzen wird die Aneignung des Wissens, insbesondere des Erklärungswissens (Körner, 2015a), in den Hintergrund treten. Die Handlungskompetenzen werden die Ausbildungsteilnehmer insbesondere in kasuistischen Seminaren entwickeln, in denen die Dozenten zeigen, wie sie selbst ihre therapeutischen Beziehungen gestalten.

Die Selbsterfahrung wird ein wesentlicher Bestandteil dieser Ausbildung bleiben. Aber ihre Funktion wird sich vielleicht ändern: Als didaktisches Mittel (der Analysand soll erfahren, wie Psychoanalyse wirkt) hat sie nie getaugt, und der in der Frühgeschichte der Psychoanalyse gar nicht beabsichtigte Effekt, nämlich die persönliche Bindung an den Lehranalytiker und sein Institut und seine Fachgesellschaft, sollte aufgegeben werden, zum Beispiel dadurch, dass sich Ausbildungsteilnehmer institutsübergreifend einen Lehranalytiker oder eine Lehranalytikerin auswählen können.

Allerdings muss die Ausbildung zum Psychoanalytiker dann immer noch ein Paradoxon bewältigen, welches durch die Dialektik von Deutungskunst und Beziehungsmacht erst geschaffen wurde: Da sich jeder Ausbildungsteilnehmer selbst einer Analyse unterziehen muss, gerät er unvermeidlich in eine persönliche Abhängigkeit, durch die hindurch er sich entwickelt, aus der er sich zum Ende seiner Ausbildung aber wieder befreien sollte. Dieses Paradoxon hat schon Immanuel Kant in seiner posthum erschienenen Schrift (1803/1983, S. 711) über Pädagogik so formuliert: »Wie kultiviere ich die Freiheit bei dem Zwange?«

So steht die Entwicklung einer eigenen psychoanalytischen Haltung im Zentrum der Ausbildung. Der Kandidat muss selbst herausfinden, welches Maß an Offenheit und Resonanz er seinen ganz unterschiedlichen Patienten zur Verfügung stellen will. Für diesen Lernprozess ist er auf ein Gegenüber, einen Supervisor, angewiesen, mit dem er über seine konkreten therapeutischen Erfahrungen spricht und der ihm seinerseits persönliche Antworten gibt.

# 5 Die Geschichte der Psychoanalyse: Vom Erklären zum Verstehen

Wie die zurückliegenden Kapitel zeigen sollten, waren es also vor allem die Patientinnen und Patienten, welche die Weiterentwicklung der psychoanalytischen Methode erzwangen und das Verhältnis von Kunst der Deutung und Macht der Beziehung geradezu umkehrten: Die Psychoanalytiker, die zunächst die Macht der Beziehung so gern ergriffen und ausgeübt hatten, verließen schrittweise die überlegene Position, verhandelten zunächst darüber, wie man die Welt und die therapeutische Beziehung deuten solle, und stellten sich dann als authentisch Antwortende zur Verfügung. Wie gezeigt, änderten sich im Zuge dieser Entwicklung auch das Selbstverständnis der Psychoanalytiker und – bis zu einem gewissen Grad – auch ihre Vorstellungen von den Strukturen, Inhalten und Zielen der psychoanalytischen Ausbildung.

Wenn sich unsere Ideen zur therapeutischen Selbst-Identität von dem autoritären »Ich weiß es« wandeln hin zu einem »psychischen Entwicklungsraum« (Rudolf, 2016, S. 53), der auch von unseren Patienten und Patientinnen bevölkert werden kann, könnten sich auch unsere Ausbildungsziele ändern: Haben wir uns in unseren Ausbildungen viele Jahre lang Absolventen gewünscht, die »verstanden haben, wie man es macht«, sollten wir heute eher das Ziel verfolgen, dass sie sich ihren Patienten zur Verfügung stellen und sich auch mit ihnen verändern. Dieser Veränderungsprozess braucht, so scheint es, allerdings seine Zeit.

Die hier geschilderte Entwicklung der psychoanalytischen Methoden und des Selbstverständnisses der Psychoanalytikerinnen und Psychoanalytiker ist nicht so zu verstehen, dass die drei beschriebenen

Etappen vom autoritären Modell über das Subjektmodell hin zum intersubjektiven Modell einander vollständig abgelöst hätten. Vielmehr gingen sie ineinander über, und die früheren Modelle gingen durchaus nicht verloren.

Umgekehrt sind auch die späteren Modelle der psychoanalytischen Methode im Rückblick schon sehr früh erkennbar, auch wenn sie damals noch nicht wirklich »begriffen« werden konnten. Erinnern wir uns an Freuds frühe Patientin Emmy von N., die Freud aufforderte, sie erzählen zu lassen. Schon damals ging es nicht mehr nur um die Tatsachen, sondern auch schon um die Bedeutungen. Oder an Paula Heimann, die schon 1949 meinte, die Gegenübertragung sei eine »Schöpfung« des Patienten (Heimann, 2016, S. 116). Wie offen stellte sie sich die therapeutische Beziehung vor, in der ein Analytiker seinem Patienten erlaubt, in ihm so wirksam zu werden!

Dass so unterschiedliche Modelle von der psychoanalytischen Methode nebeneinander angewandt werden können, ist aus wissenschaftstheoretischer Perspektive eigentlich »unmöglich«: Einerseits sollen (scheinbare) Ursache-Wirkungs-Zusammenhänge quasi kausal erklärt werden (»die Verdrängung macht die Angst«), andererseits soll die subjektive, bedeutungssetzende Aktivität des Menschen abgebildet werden, was zu dem kausalen Erklärungsmodell, das mit Tatsachenbehauptungen operiert, im Widerspruch steht.

Die Auflösung dieses Widerspruchs gelingt der Psychoanalyse, weil sie in ihrer Theoriesprache sehr unterschiedliche seelische Funktionsprinzipien abbilden kann. Auf der einen Seite beschreibt sie die bedeutungssetzende Aktivität des Subjekts, das seine Geschichte und seine soziale Situation hier und jetzt interpretiert, das bewusstabsichtlich eigenen Motiven folgt und sich selbst Ziele setzt. Auf der anderen Seite aber braucht der Psychoanalytiker in seiner täglichen psychotherapeutischen Praxis eine Theoriesprache, die gerade denjenigen Menschen erfassen kann, der geprägt ist von unbewussten Motiven, die »hinter seinem Rücken« wirksam sind und ihn zu einem sich häufig wiederholenden, vielleicht symptomatischen Verhalten zwingen.

Dieser »Wiederholungszwang« ist von außen gut zu erkennen, weil der Patient ihm ausgeliefert zu sein scheint. Man braucht auch kein Verständnis für das Unbewusste etwa eines agoraphobischen Patienten, um seinen Angstanfall vorhersagen zu können, sobald er den Versuch macht, über die Schwelle seiner Haustür ins Freie zu treten. Der Schritt ins Freie scheint regelmäßig die Ursache für das Auftreten des Symptoms zu sein. Um dem Patienten aber aus der Unfreiheit von quasikausalen Ursache-Wirkungs-Zusammenhängen herauszuhelfen, versuchen wir, die unbewusste Bedeutung dieser Zusammenhänge zu verstehen, zu deuten und damit dem Patienten Handlungsfreiheit (wieder) zu ermöglichen. Auf diesem Wege wechseln wir mit unserem Patienten von dem erklärenden Modell zum Subjektmodell.

Aus dem geschichtlichen Nacheinander der unterschiedlichen Modelle der Psychoanalyse – vom ersten, »kausal-erklärenden«, zum zweiten, zum Subjektmodell – wurde also ein Nebeneinander, das zwar von einem wissenschaftstheoretischen Standpunkt aus widersprüchlich erscheint, aber doch geeignet ist, den Menschen in seinen sehr unterschiedlichen Existenzweisen zu erfassen: sowohl als das Subjekt, das sich seiner Motive und Absichten bewusst ist, als auch als der von sich selbst entfremdete Mensch, der in seinem Verhalten inneren Ursachen folgt, über die er scheinbar nicht verfügen kann.[13]

Zahlreiche Autoren haben sich mit der faszinierenden Widersprüchlichkeit der psychoanalytischen Theoriesprache auseinandergesetzt (Körner, 1985). Paul Ricœur (1974) beschrieb die »gemischte Rede von Energetik und Hermeneutik«, die sowohl das Ausgeliefertsein des Menschen an den Wiederholungszwang (Energetik) abbildet, als auch seine Fähigkeit anspricht, sich Unbewusstes bewusst zu machen und sich und seine Geschichte zu deuten (Hermeneutik). Alfred Lorenzer (1970) nannte den Prozess, in dem sprachlich Bewusstes unbewusst wird, eine »Desymbolisierung«, welche dazu führt,

---

13 Die Verhaltenstherapie hat sich bis in die jüngste Vergangenheit ganz darauf konzentriert, diese Seite der menschlichen Existenz zu beleuchten und mit wirksamen Methoden auf sie Einfluss zu nehmen.

dass das Subjekt seine Verfügbarkeit über Erinnerungen und Motive verliert. Die Aufgabe der Psychoanalyse bestehe darin, so Lorenzer, dem Subjekt zu helfen, die »Sprachzerstörung« zu »rekonstruieren«, also Unbewusstes bewusst zu machen und dem Menschen damit Handlungsfreiheit zurückzugeben.

Das dritte hier vorgestellte »intersubjektive Modell« der psychoanalytischen Methode entzieht sich den Widersprüchen von »Energetik« (im kausal erklärenden Modell) und »Hermeneutik« (im Subjektmodell). Denn die Prozesse, die wir im intersubjektiven Modell beschreiben, drücken sich weniger in der Sprache der Beteiligten aus, sondern überwiegend im Handeln und Erleben.

Ich erinnere an den Patienten, der meinte, er sei »heute wohl ziemlich langweilig«. Ich hatte nach einigem Zögern mit »Ja« geantwortet. Der Patient reagierte zu meiner Überraschung erleichtert, und erst im Nachhinein verstanden wir, was geschehen war: Er hatte sich mit meiner Hilfe von der Last eines überaus anspruchsvollen Ich-Ideals befreien können. Die therapeutische Veränderung rührte also nicht daher, dass dem Patienten ein unbewusster Gedanke bewusst wurde (er hatte ja selbst die Idee, »langweilig« zu sein, geäußert), sondern dass ich, ohne mir dessen bewusst zu sein, für ihn die bange Frage »Darf man langweilig sein?« beantwortet hatte.

Im intersubjektiven Modell stiften Beziehungserfahrungen die therapeutischen Veränderungen. Oft muss der Analytiker die »Vorleistung« (Loch, 1965) erbringen, einen inneren Konflikt, den der Patient in der Übertragung inszeniert, stellvertretend für ihn durchzuarbeiten. Und es ist nicht unbedingt notwendig, dieses Geschehen sprachlich zu benennen.

Nicht wenige Patienten sind überzeugt, dass sie nicht liebenswert seien und eigentlich nur weggeschickt werden können. Und sie verhalten sich auch so: provokant, vielleicht entwertend, jedenfalls so, dass der Analytiker tatsächlich den Impuls verspürt, sie wegzuschicken. Vielleicht ist es hilfreich, diesen Patienten zu deuten, wie provozierend sie sich verhalten, aber entscheidend wird sein, dass der Patient erlebt, dass der Analytiker oder die Analytikerin entgegen seiner Erwartung an ihm festhält. Zumal er in der Regel recht gut weiß, wie provokant er ist.

Die Arbeit im intersubjektiven Modell der psychoanalytischen Methode hilft vor allem denjenigen Patientinnen und Patienten, die unter einer sehr früh erlittenen Störung leiden. Traumatische Erfahrungen in den allerersten Lebensjahren können vom Kind noch nicht sprachlich codiert werden. Sie bleiben aber im prozeduralen Gedächtnis sehr lebendig und einflussreich. Darin liegt ein wesentlicher Unterschied zu psychischen Inhalten, also Erlebnissen oder Phantasien, die ein Kind (wie etwa der »Kleine Hans«) in etwas späterem Alter verdrängt, also abwehrt und dadurch vor sich selbst verbirgt: Diese können – wie im Fall der Katharina – durch Deutungen bewusst werden und verlieren dann ihren krank machenden Einfluss. Traumatische Erfahrungen hingegen, die nur im prozeduralen Gedächtnis aufgehoben sind, sind auch durch kluge Deutungen nicht korrigierbar. Sie können, so der Neurobiologe Roth (2013), allenfalls »überlernt« werden, durch Beziehungserfahrungen und ihre »nichtverbale Konnotation: Intonation, Mimik, Gestik, das ist die prozedurale Ebene«.[14]

In der psychoanalytisch-therapeutischen Arbeit brauchen wir heute alle drei Modelle: das kausal-erklärende, das subjekthaft deutende und das intersubjektive Modell, das überschreibende Beziehungserfahrungen ermöglichen soll. Diese methodischen Varianten haben wir in der Geschichte der Psychoanalyse nacheinander entwickelt, wobei uns unsere Patientinnen und Patienten sehr geholfen haben. Mit ihnen haben wir gelernt, die Frage nach dem Verhältnis von Deutung und Beziehung – das Thema dieses Büchleins – auf sehr unterschiedliche Weise zu beantworten. Davon soll das letzte Kapitel in einer Kurzfassung handeln.

---

14 Mitschnitt eines Vortrags vom 29.9.2013.

# 6 Rückblick

Zum Abschluss dieses Buches soll die Geschichte der drei hier vorgestellten psychoanalytischen Methoden noch einmal aus der Sicht der Patienten und Patientinnen erzählt werden, die ja doch eigentlich die Hauptpersonen in der Geschichte der analytischen Psychotherapie sind.

Es begann mit der ersten Generation der – überwiegend weiblichen – Patienten Sigmund Freuds und der ersten Generation der Analytiker um ihn herum. Eigentlich wusste Freud schon, wonach zu suchen war, und er forschte und fragte, bis eine seiner ersten Patientinnen, Emmy von N., ihn »mürrisch« aufforderte, »ich solle nicht immer fragen, woher das und jenes komme, sondern sie erzählen lassen, was sie mir zu sagen habe« (Breuer u. Freud, 1895, S. 116). Und Freuds großes Verdienst war es, dass er sie erzählen ließ und zuhörte, und er staunte nicht wenig, was sie – und die anderen – zu erzählen hatten.

Sie sprachen über ihre Kindheit im Viktorianischen Zeitalter, einer Epoche eklatanter Widersprüche: eine lüsterne, sexualisierte Alltagswelt einerseits, aber radikale Unterdrückung vor allem der weiblichen Sexualität andererseits. Eine biedermeierliche Gartenlaubenromantik einerseits und aggressiv-imperialistische Kriege andererseits – wie der Völkermord an den Herero und Nama in »Deutsch-Südwestafrika« unter Generalleutnant von Trotha 1904 bis 1908. Von dieser Epoche erzählten die Patientinnen damals, die Katharina, die Dora, die Emmy von N. und die Anna O.

Freud hatte keineswegs die Absicht, die repressive Sexualmoral des Viktorianischen Zeitalters zu kritisieren. Aber es waren seine

Patientinnen, die ihm diese Kritik nahelegten, ohne dass sie sich dessen bewusst waren. Und natürlich haben sie sich nur innerhalb des damaligen, patriarchalischen Gesellschaftssystems verhalten können und sich erhofft, von dem Manne Antworten zu bekommen. Und die Antworten, die sie bekamen, halfen ihnen wirklich, die Macht ihrer Vergangenheit zu brechen.

Wenn wir den Patientinnen von damals eine Stimme von heute verleihen könnten, dann hätten sie gefragt haben können: »Sehen Sie, wie wir unter dem Zwang der Verdrängung wirklich leiden?« Und sie schenkten – ganz Kinder ihrer Zeit – ihren Analytikern die Macht, ihnen erklären zu können, warum sie krank geworden waren. Und das war hilfreich. Und es begründete das Paradigma »Aufklären und bewusst machen«.

Die Patientinnen und Patienten der nächsten Generation, die spätestens Mitte des vorigen Jahrhunderts auftraten, wollten nicht mehr nur Erklärungen über die »Ursachen« ihrer Erkrankungen, sondern sie wollten ernst genommen werden und wandten sich an ihre Analytiker und fragten: »Verstehen Sie, wie wir unsere Geschichte interpretieren?« Und sie verliehen ihren Analytikern die Macht, mit ihnen innerhalb einer vertrauensvollen Beziehung darüber zu verhandeln, wie sie ihre Welt deuten möchten. Sie erlaubten ihren Analytikern und Analytikerinnen aber nicht mehr, sie darüber zu belehren, dass sie ihre Geschichte »richtig« sehen sollten, und wünschten sich stattdessen, von ihnen bei der Entwicklung ihres Verständnisses begleitet zu werden. Damit entstand das Subjektmodell der Psychoanalyse.

Die dritte Generation fordert vom Analytiker, von der Analytikerin, als lebendiges und wahrhaftiges Gegenüber aufzutreten, weil sie sich ihrer Identität nicht sicher ist und sich im Dialog orientieren will. Die Patienten verlangen, so Rudolf (2016, S. 58), »von ihren Therapeuten persönliche Antworten, keine Deutungen mehr«. So entstand das intersubjektive Modell der Psychoanalyse.

Zum Abschluss dieses Rückblicks über die Kunst der Deutung und die Macht der Beziehung in der Psychoanalyse eine tabellarische Übersicht:

Was fragten uns die Patienten?
- Die ersten Patienten (überwiegend Patientinnen) fragten: Sehen Sie, wie wir unter der Macht der Verdrängung wirklich leiden?
- Die Patienten der nächsten Generation fragten: Verstehen Sie, wie wir unsere Geschichte deuten?
- Heute fragen sie uns: Was ist Ihre persönliche Antwort auf unseren Beziehungsentwurf?

Und die Macht unserer Beziehung?
- Die erste Generation der Patienten schenkte uns die Macht, ihnen erklären zu können, warum sie krank geworden waren.
- Die nächsten verliehen uns die Macht, ihnen helfen zu dürfen, ihre Welt selbst zu deuten.
- Die Patienten heute suchen in uns ein Gegenüber, das ihnen die Macht der Selbstbestimmung, die sie uns geliehen hatten, zurückgibt. Das also auf die Macht der Beziehung weitgehend verzichtet.

Das ist nicht nur eine Geschichte der Entwicklung psychoanalytischer Behandlungskonzepte, sondern auch eine Emanzipationsgeschichte unserer Patientinnen und Patienten.

# Literatur

Adorno, T. W., Frenkel-Brunswik, E., Levinson, D. J., Nevitt Sanford, R. (1950). The authoritarian personality. New York: Harper.

Alexander, F., French, T. (1946). Psychoanalytic therapy: Principles and application. New York: Ronald Press.

Arbeitskreis OPD (2006). Operationalisierte Psychodynamische Diagnostik OPD-2. Das Manual für Diagnostik und Therapieplanung. Bern: Huber.

Bohleber, W. (2014). Identität. In W. Mertens (Hrsg.), Handbuch psychoanalytischer Grundbegriffe (S. 408–413). Stuttgart: Kohlhammer.

Breuer, J., Freud, S. (1895). Studien über Hysterie. GW I (S. 75–312). Frankfurt a. M.: S. Fischer.

Cremerius, J. (1979). Gibt es zwei psychoanalytische Techniken? Psyche – Zeitschrift für Psychoanalyse und ihre Anwendungen, 7, 577–599.

Dornes, M. (2000). Die emotionale Welt des Kindes. Frankfurt a. M.: Fischer.

Emde, R. N. (2011). Regeneration und Neuanfänge: Perspektiven einer entwicklungsbezogenen Ausrichtung der Psychoanalyse. Psyche – Zeitschrift für Psychoanalyse und ihre Anwendungen, 65, 778–807.

Ermann, M. (1987). Behandlungskrisen und die Widerstände des Psychoanalytikers. Forum der Psychoanalyse, 3, 100–111.

Ermann, M. (2014). Der Andere in der Psychoanalyse. Die intersubjektive Wende. Stuttgart: Kohlhammer.

Freud, S. (1900). Die Traumdeutung. GW II/III. Frankfurt a. M.: S. Fischer.

Freud, S. (1905a). Bruchstück einer Hysterie-Analyse. GW V (S. 161–286). Frankfurt a. M.: S. Fischer.

Freud, S. (1905b). Drei Abhandlungen zur Sexualtheorie. GW V (S. 33–144). Frankfurt a. M.: S. Fischer.

Freud, S. (1909). Analyse der Phobie eines fünfjährigen Knaben. GW VII (S. 241–377). Frankfurt a. M.: S. Fischer.

Freud, S. (1914). Erinnern, Wiederholen und Durcharbeiten. GW X (S. 126–136). Frankfurt a. M.: S. Fischer.

Freud, S. (1920). Jenseits des Lustprinzips. GW XIII (S. 1–69). Frankfurt a. M.: S. Fischer.

Freud, S. (1930). Das Unbehagen in der Kultur. GW XIV (S. 419–506). Frankfurt a. M.: S. Fischer.

Freud, S. (1962). Aus den Anfängen der Psychoanalyse, Briefe an Wilhelm Fließ, Abhandlungen und Notizen aus den Jahren 1887–1902. Frankfurt a. M.: S. Fischer.

Goffman, E. (1977). Rahmen-Analyse. Ein Versuch über die Organisation von Alltagserfahrungen. Frankfurt a. M.: Suhrkamp.

Greenson, R. R. (1967). Technik und Praxis der Psychoanalyse. Stuttgart: Klett.

Heimann, P. (2016). Zur Gegenübertragung. In: Gegenübertragung und andere Schriften zur Psychoanalyse (S. 111–117). Stuttgart: Klett-Cotta.

Hoffmann, S. O. (Hg.) (1983). Deutung und Beziehung. Kritische Beiträge zur Behandlungskonzeption und Technik in der Psychoanalyse. Frankfurt a. M.: Fischer.

Kant, I. (1803/1983). Über Pädagogik. In I. Kant, Werke in 10 Bänden. Hrsg. v. W. Weischedel. Bd. 10 (S. 691–764). Darmstadt: Wiss. Buchgesellschaft.

Klein, M. (1946/1972). Bemerkungen über einige schizoide Mechanismen. In M. Klein, Das Seelenleben des Kleinkindes und andere Beiträge zur Psychoanalyse (S. 101–125). Reinbek: Rowohlt.

Kohut, H. (1977/1979). Die Heilung des Selbst. Frankfurt a. M.: Suhrkamp.

König, K. (1982). Der interaktionelle Anteil der Übertragung in Einzelanalyse und analytischer Gruppenpsychotherapie. Gruppenpsychotherapie und Gruppendynamik, 17, 76–83.

König, K., Simon, F. (2001). Zwischen Couch und Einwegspiegel. Systemisches für Psychoanalytiker – Psychoanalytisches für Systemiker. Heidelberg: Carl Auer.

Körner, J. (1976). Vorurteilsbereitschaft und autoritäres Verhalten. Eine empirische Untersuchung an 9- bis 12-jährigen Grund- und Hauptschülern. Stuttgart: Metzler.

Körner, J. (1985). Vom Erklären zum Verstehen in der Psychoanalyse. Untersuchungen zur psychoanalytischen Methode. Göttingen: Verlag für Medizinische Psychologie im Verlag Vandenhoeck & Ruprecht.

Körner, J. (1989). Arbeit in der Übertragung? Arbeit an der Übertragung! Forum der Psychoanalyse, 5, 209–223.

Körner, J. (2003). Die argumentationszugängliche Kasuistik. Forum der Psychoanalyse, 19, 28–35.

Körner, J. (2013). Abwehr und Persönlichkeit. Stuttgart: Kohlhammer.

Körner, J. (2014). Arbeit »in« der Übertragung. 25 Jahre später. Forum der Psychoanalyse, 30, 341–356.

Körner, J. (2015a). Psychotherapeutische Kompetenzen. Ein Praxismodell zu Kompetenzprofilen in der Aus- und Weiterbildung. Wiesbaden: Springer.

Körner, J. (2015b). Gibt es eine Legitimationskrise der psychoanalytischen Profession? Die Couch, Zeitschrift des Psychoanalytischen Seminars Innsbruck, 4, 30–33.

Körner, J. (2018). Die Psychodynamik von Übertragung und Gegenübertragung. Göttingen: Vandenhoeck & Ruprecht.

Körner, J., Friedmann, R. (2005). Denkzeit für delinquente Jugendliche. Theorie und Methode dargestellt an einer Fallgeschichte. Freiburg: Lambertus.

Körner, J., Rosin, U. (1985). Das Problem der Abstinenz in der Psychoanalyse. Forum der Psychoanalyse, 1, 25–47.

Körner, J., Wysotzki, F. (2006). Die Rolle der Übergeneralisierung in der Neurosenbildung. Psychoanalytische und kybernetische Betrachtungen. Forum der Psychoanalyse, 22, 321–341.

Krutzenbichler, S. (2008). Sexueller Missbrauch als Thema der Psychoanalyse von Freud bis zur Gegenwart. In U. T. Egle, S. O. Hoffmann, P. Joraschky (Hrsg.), Sexueller Missbrauch, Misshandlung, Vernachlässigung. Erkennung und Therapie psychischer und psychosomatischer Folgen früher Traumatisierungen (S. 115–125). Stuttgart u. New York: Schattauer.

Krutzenbichler, S. (im Druck). Vom Vogel, den sein Nest beschmutzt. Forum der Psychoanalyse.

Krutzenbichler, S., Essers, H. (1991). Muß denn Liebe Sünde sein? Freiburg: Kore.

Krutzenbichler, S., Essers, H. (2008). Die Übertragungsliebe. Eine kritische Literaturschau 16 Jahre nach der Erstbetrachtung. Forum der Psychoanalyse, 23, 33–45.

Krutzenbichler, S., Essers, H. (2010). Übertragungsliebe. Psychoanalytische Erkundungen zu einem brisanten Phänomen. Gießen: Psychosozial-Verlag.

Loch, W. (1965). Übertragung – Gegenübertragung. Psyche – Zeitschrift für Psychoanalyse und ihre Anwendungen, 19, 1–23.

Lorenzer, A. (1970). Sprachzerstörung und Rekonstruktion. Vorarbeiten zu einer Metatheorie der Psychoanalyse. Frankfurt a. M.: Suhrkamp.

Lorenzer, A. (1972). Perspektiven einer Kritischen Theorie des Subjekts. Frankfurt a. M.: Seminar-Verlag.

Masson, J. M. (1991). Was hat man dir, du armes Kind, getan? Sigmund Freuds Unterdrückung der Verführungstheorie. Reinbek: Rowohlt.

Mertens, W. (2009). Psychoanalytische Erkenntnishaltungen und Interventionen. Schlüsselbegriffe für Studium, Weiterbildung und Praxis. Stuttgart: Kohlhammer.

Mitchell, S. A., Greenberg, J. R. (1983). Object relations in psychoanalytic theory. Cambridge, Mass.: Harvard University Press.

Ogden, T. (1979). Die projektive Identifizierung. Forum der Psychoanalyse, 4, 1988, 1–21.

Plessner, H. (1975). Die Stufen des Organischen und der Mensch. Einleitung in die philosophische Anthropologie (3. Aufl.). Berlin u. New York: De Gruyter.

Reich, G. (2014). Projektive Identifizierung. In W. Mertens (Hrsg.), Handbuch psychoanalytischer Grundbegriffe (4. Aufl., S. 745–749). Stuttgart: Kohlhammer.

Reichard, S. (2014). Wiederholungszwang. In W. Mertens (Hrsg.), Handbuch psychoanalytischer Grundbegriffe (S. 1084–1090). Stuttgart: Kohlhammer.

Ricœur, P. (1974). Die Interpretation. Ein Versuch über Freud. Frankfurt a. M.: Suhrkamp.

Riemann, F. (1975). Grundformen der Angst. Eine tiefenpsychologische Studie (10. Aufl.). München u. Basel: Ernst Reinhardt.

Roth, G. (2013). Neurobiologische Grundlagen von Psychotherapien und ihrer zeitlichen Dynamik. Vortrag auf der DGPT-Jahrestagung am 29.9.2013 in Berlin.

Rudolf, G. (2016). Psychotherapeutische Identität. Göttingen: Vandenhoeck & Ruprecht.

Sandler, J. (1976). Gegenübertragung und die Bereitschaft zur Rollenübernahme. Psyche – Zeitschrift für Psychoanalyse und ihre Anwendungen, 30, 297–305.

Sandler, J. (1987). Das Konzept der projektiven Identifizierung. Zeitschrift für psychoanalytische Theorie und Praxis, 3, 1988, 147–164.

Schaeffer, D. (1990). Psychotherapie zwischen Mythologisierung und Entzauberung. Therapeutisches Handeln im Anfangsstadium der Professionalisierung. Opladen: Westdeutscher Verlag.

Schöpf, A. (2014). Philosophische Grundlagen der Psychoanalyse. Stuttgart: Kohlhammer.

Schultz-Venrath, U. (2014). Intersubjektivität. In W. Mertens (Hrsg.), Handbuch psychoanalytischer Grundbegriffe (4. Aufl., S. 451–458). Stuttgart: Kohlhammer.

Seiffge-Krenke, I. (2012). Therapieziel Identität. Veränderte Beziehungen, Krankheitsbilder und Therapie. Stuttgart: Klett-Cotta.

Sterba, R. (1934). Das Schicksal des Ich im therapeutischen Verfahren. Internationale Zeitschrift für Psychoanalyse, 20, 66–73.

Stern, D. (1985). Die Lebenserfahrung des Säuglings. Stuttgart: Klett-Cotta 1992.

Stern, D. (2005). Der Gegenwartsmoment. Frankfurt a. M.: Brandes & Apsel.

Stern, D. (2012). Veränderungsprozesse. Ein integratives Paradigma. Frankfurt a. M.: Brandes & Apsel.

Stolorow, R. D., Brandchaft, D., Atwood, G. E. (1996). Psychoanalytische Behandlung. Ein intersubjektiver Ansatz. Frankfurt a. M.: Fischer.

Strenger, C. (1989). The classic and the romantic vision in psychoanalysis. International Journal of Psycho-Analysis, 70, 593–610.

Sullivan, H. S. (1953). The interpersonal theory of psychiatry. New York: Norton.

Thom, J. (2011). Auf dem Weg zum postmodernen Professionalismus? Eine Interviewstudie zum professionellen Selbstverständnis von Psychologischen Psychotherapeuten. Wie Psychotherapeuten ihren Berufsstand beschreiben, bewerten und erklären. Unveröffentlichte Diplomarbeit. Psychologisches Institut, Ruprecht-Karls-Universität Heidelberg.

Thom, J., Ochs, M. (2013). Der Typus des postmodernen Professionellen – ein Portrait Psychologischer Psychotherapeuten? Psychotherapeutenjournal, 12, 382–390.

Weiss, J., Sampson, H. (1986). The psychoanalytic process. Theory, clinical observations, and empirical research. New York: Guilford.